# SÍNDROME DE DOWN Y DISCAPACIDAD. ASPECTOS JURÍDICOS Y ASISTENCIALES

ÁNGEL ARIAS DOMÍNGUEZ
(Director)

CARMEN SOLÍS PRIETO
ANDRÉS TALAVERO BLANCO
(Coordinadores)

# SÍNDROME DE DOWN Y DISCAPACIDAD. ASPECTOS JURÍDICOS Y ASISTENCIALES

UNIÓN EUROPEA
Fondo Europeo de Desarrollo Regional
Una manera de hacer Europa

DTSS

JUNTA DE EXTREMADURA

UEX

DOWN Cáceres
Asociación Síndrome de Down de Cáceres

Dykinson, S. L.

Este libro ha sido sometido a evaluación por parte de nuestro Consejo Editorial
Para mayor información, véase www.dykinson.com/quienes_somos



Editorial DYKINSON, S.L. Meléndez Valdés, 61-28015 Madrid
Teléfono (+34) 91 544 28 46-(+34) 91 544 28 69

e-mail: info@dykinson.com
http://www.dykinson.es
http://www.dykinson.com

ISBN: 978-84-9148-112-6
Depósito Legal: M-6233-2017

*Maquetación:*
GERMÁN BALAGUER VALDIVIA
german.balaguer@gmail.com

# ÍNDICE

# LA INCAPACITACIÓN: CAUSAS Y PROCEDIMIENTO

MARGARITA FERNÁNDEZ ARROYO
*Profesora Titular de Derecho Civil*
*Universidad de Extremadura*

## I. PLANTEAMIENTO GENERAL DE LA CUESTIÓN

La incapacitación es un estado civil de la persona que se constituye mediante sentencia judicial con la finalidad de otorgar protección, ya sea en la esfera personal, en la patrimonial o en ambas, a las personas que carecen de la aptitud necesaria para regir su persona y bienes o la tienen limitada, como consecuencia del padecimiento de alguna enfermedad o deficiencia persistente de carácter físico o psíquico que les impida gobernarse por sí mismas. Se trata de un instrumento de protección que no afecta a la capacidad jurídica de la persona, ni, por consiguiente, a la aptitud para ser titular de derechos y de obligaciones, porque esta idoneidad en que se traduce la capacidad jurídica es inherente al ser humano por ser un reflejo de la dignidad personal, y, por esto, la capacidad jurídica es una e igual para todas las personas, con independencia de las condiciones físicas y psíquicas en que cada uno se encuentre, dado que no se puede ejercitar ni, por ende, modificar. Así lo ha puesto de manifiesto el Tribunal Supremo, entre otras muchas, en la sentencia 421/2013 de 24 junio, al considerar que *la incapacitación, al igual que la minoría de edad, no cambia para nada la titularidad de los derechos fundamentales, aunque sí que determina su forma de ejercicio* y, por ello, tan sólo afecta a la capacidad de obrar.

El interés en el estudio de la incapacitación me viene dado por dos motivos de diversa naturaleza. El primero es de carácter académico, por cuanto estamos en el décimo aniversario de la aprobación por la ONU de la Convención *sobre los derechos de las personas con discapacidad, hecha en Nueva York el 13 de diciembre de 2006,* ratificada por España el 23 de noviembre de 2007 y entrada en vigor el 3 de mayo de 2008. El segundo motivo, tan importante o más que el anterior, es de índole personal, pues tengo un hermano con síndrome de down que fue incapacitado cuando era menor de edad, con el objeto de asegurar su protección tras cumplir los 18 años, y es por lo que en este tema me interesa mucho más el aspecto humano que el jurídico, al sentir por estas personas una exquisita sensibilidad.

Además, la incapacitación es un tema que goza de una rabiosa actualidad, pues se está viendo expuesto en los últimos tiempos a un cambio muy significativo en la forma de abordar su tratamiento, en consonancia con la existencia de una mayor sensibilización social con la problemática que genera la discapacidad, tanto en las personas que la padecen como en sus familias. Es por ello un concepto que ha ido evolucionando al compás de la realidad social imperante en cada momento histórico.

Han sido muchos y muy importantes los hitos marcados por las diversas reformas legislativas que se han llevado a cabo, pero mientras no se adapte nuestra legislación a la Convención, el más acusado ha sido el llevado a cabo por la Ley de 24 de octubre de 1983, por la que se modificó el CC en materia de tutela. Con esta reforma el legislador eliminó la rigidez que caracterizaba al sistema anterior, con el objeto de adecuar las medidas de protección a las conveniencias y necesidades del incapacitado, lo que se plasmó en la graduación de la incapacitación, y, es por lo que en este terreno no cabe la adopción de soluciones generales, sino que hay que atender a las circunstancias personales concretas, concurrentes en cada caso sometido a la consideración de los jueces y tribunales, que son muchos porque esta materia da lugar a una cascada de litigios y controversias.

Más reciente es el cambio que se ha producido en el lenguaje jurídico, pues el término incapacitado, dado por el legislador a las personas que tienen limitada su capacidad de obrar en virtud de una sentencia judicial, se ha sustituido por la expresión *persona con capacidad modificada judicialmente*, aunque los buenos deseos del legislador aún no han llegado a todas las disposiciones legales, razón por la cual en este trabajo utilizaremos los vocablos clásicos de incapacitado e incapacitación. Además, con este cambio lingüístico no ha habido un gran acierto porque con la sentencia no se modifica la capacidad que a cada persona se le reconoce y que hay que potenciar, que es lo que se ha dado en denominar capacidad residual, pues lo relevante es que da lugar a la adopción de la correspondiente medida de protección, en función del alcance de la incapacitación, ya sea la patria potestad prorrogada o rehabilitada, la tutela o la curatela.

Aunque este trabajo versa sobre las causas de incapacitación y las líneas maestras del procedimiento establecido para su declaración, es necesario hacer una referencia, por sucinta que sea, al estado actual de la cuestión, habida cuenta de la incidencia de la Convención de la ONU en la configuración jurídica de nuestro sistema de protección, hasta el punto de haberse iniciado ya en la Comisión General de Codificación los trabajos tendentes a la elaboración de un nuevo marco normativo en materia de incapacitación.

## II. LA CONVENCIÓN SOBRE LOS DERECHOS DE LAS PERSONAS CON DISCAPACIDAD

La Convención de la ONU es una declaración de derechos humanos, cuyo objetivo esencial es implantar el derecho de igualdad en toda su extensión y en todas las esferas de la vida, resaltando su carácter fundamental. En dicho Texto se han establecido en el art. 3 los principios que se deben aplicar desde una perspectiva general en materia de discapacidad, entre los que destaca el respeto a la dignidad, la autonomía individual, incluida la libertad de tomar las propias decisiones y la independencia de las personas. Como consecuencia de ello en España se está produciendo un giro radical en la materia, al propugnar la implantación de un nuevo modelo de protección que esté basado en el apoyo y asistencia al incapacitado en la toma de decisiones, a semejanza de lo que ocurre con la curatela, en sustitución del sistema de representación legal que impera en la actualidad y cuya figura estelar está constituida por la tutela.

La Convención ha dedicado al ejercicio de la mal llamada capacidad jurídica el art. 12, del que interesa resaltar los números 3 y 4, al disponer que *Los Estados Partes adoptarán las medidas pertinentes para proporcionar acceso a las personas con discapacidad al apoyo que puedan necesitar en el ejercicio de su capacidad jurídica. Los Estados Partes asegurarán que en todas las medidas relativas al ejercicio de la capacidad jurídica se proporcionen salvaguardias adecuadas y efectivas para impedir los abusos de conformidad con el derecho internacional en materia de derechos humanos. Esas salvaguardias asegurarán que las medidas relativas al ejercicio de la capacidad jurídica respeten los derechos, la voluntad y las preferencias de la persona, que no haya conflicto de intereses ni influencia indebida, que sean proporcionales y adaptadas a las circunstancias de la persona, que se apliquen en el plazo más corto posible y que estén sujetas a exámenes periódicos por parte de una autoridad o un órgano judicial competente, independiente e imparcial. Las salvaguardias serán proporcionales al grado en que dichas medidas afecten a los derechos e intereses de las personas*. Pero en estas dos disposiciones la letra de la Convención no coincide con su música. Así acontece con la aparente supresión de la distinción entre capacidad jurídica y capacidad de obrar, pues, como ya se ha dicho al comienzo de esta exposición, la capacidad jurídica se tiene pero no se puede ejercitar porque se trata de un atributo esencial del ser humano, en cuanto que es reflejo de la personalidad, de manera que el ejercicio debe estar referido a la capacidad de obrar. Otro tanto sucede con el significado de la polémica expresión apoyo, puesto que no se trata de una medida de protección en si misma considerada, sino de la finalidad perseguida con los instrumentos de protección, llámese tutela o curatela como ha puesto de manifiesto una destacada civilista. Una muestra de la falta de un recto entendimiento a este respecto nos la aporta la sentencia 698/2014 de 27 de noviembre, al declarar que *lo que se adopta son medidas de apoyo que se inician cuando, como ocurre en este caso, se toma conocimiento de una situación necesitada de los mismos para permitir al discapaz ejercer su capacidad jurídica; apoyos que la Convención (...) no enumera ni acota pero que se podrán tomar en todos los aspectos de la vida, tanto personales como económicos y sociales para, en definitiva, procurar una normalización de la vida de las personas con discapacidad, evitar una vulneración sistemática de sus derechos y procurar una participación efectiva en la sociedad, pasando de un régimen de sustitución en la adopción de decisiones a otro basado en el apoyo para tomarlas, que sigue reconociendo a estas personas iguales ante la ley, con personalidad y capacidad jurídica en todos los aspectos de la vida, y en igualdad de condiciones con los demás, como se ha dicho en el informe del Comité sobre los Derechos de las personas con discapacidad (...). La curatela de los discapacitados —STS 1 de julio 2014— se concibe en términos más flexibles, desde el momento en que el art. 289 CC (...) declara que "tendrá por objeto la asistencia del curador para aquellos actos que expresamente imponga la sentencia que la haya establecido". Está pensando en personas parcialmente discapacitados, en las que la sentencia gradúa el alcance de la incapacidad, como sucede en este caso. En el código civil no se circunscribe expresamente la curatela a la asistencia en la esfera patrimonial, por lo que al amparo de lo previsto en el art. 289 CC (...) podría atribuirse al curador funciones asistenciales en la esfera personal, como pudiera ser la supervisión del sometimiento del discapaz a un tratamiento médico, muy adecuado cuando carece de conciencia de enfermedad. Y a esta idea responde la jurisprudencia según la cual "el curador no suple la voluntad del afectado, sino que la refuerza, controla y encauza, complementando su deficiente capacidad, por lo que su función no viene a ser de representación, sino más bien de asistencia y protección en el concurso que presta su apoyo e intervención para aquellos actos que haya de realizar el incapaz y estén especificados en la sentencia, los que no tienen que ser específicamente de naturaleza patrimonial" (Sentencia 995/1991, de 31 diciembre).*

Esta declaración es un nítido ejemplo de la tendencia expansiva en nuestro ordenamiento a la eliminación del sistema de la representación legal del incapacitado en la toma de decisiones y su sustitución por un nuevo modelo basado en el apoyo y asistencia para tomarlas, a semejanza de lo que ocurre en la actualidad con la curatela y, por ello, abogan por una reforma en profundidad del régimen de protección, cuya figura estelar a día de hoy está constituida por la tutela, en la falsa creencia de que con ella el el tutor sustituye la voluntad del incapacitado.

Este rechazo a la representación se debe en gran medida a que la Convención no distingue entre quienes padecen una discapacidad física o sensorial y quienes están afectados por una discapacidad intelectual, cuya intensidad es tan variada como diversas son las situaciones en que se encuentran las personas afectadas por ella. Por tanto, el apoyo del que habla la Convención en el art. 12.3 debe incluir la posibilidad de sometimiento a tutela. *Pero también se debe,* en palabras de PEREÑA VICENTE, *a un desconocimiento de ciertas realidades especialmente complejas y de lo que es en esencia la representación. La representación no altera ni la titularidad del derecho ni los intereses protegidos. El representante, y esto es igual en la representación legal que en la voluntaria, actúa por cuenta del representado en su interés (...). Así entendida la representación supone una "medida pertinente" para "apoyar" a una persona en el ejercicio de su capacidad jurídica si sus circunstancias no permiten que con una mera asistencia o complemento pueda ejercer sus derechos (...). La Convención no la proscribe. Todo lo contrario, es una exigencia de la misma cuando las circunstancias la hagan necesaria.* Siendo esto así, la representación tiene cabida en el ámbito de aplicación del número 3 del art. 12 de la Convención, aunque al tratarse de una medida muy drástica debe estar reservada para los casos más graves. De hecho, en la práctica se aprecia la existencia de una tendencia expansiva a la aplicación de la figura de la curatela.

La adaptación por vía de interpretación a los principios de la Convención comenzó con la modélica sentencia 282/2009, de 29 de abril, al considerar que *el sistema de protección establecido en el Código Civil sigue por tanto vigente, aunque con la lectura que se propone: 1° Que se tenga siempre en cuenta que el incapaz sigue siendo titular de sus derechos fundamentales y que la incapacitación es sólo una forma de protección. Esta es la única posible interpretación del artículo 200 CC (...) y del artículo 760.1 LEC (...). 2° La incapacitación no es una medida discriminatoria porque la situación merecedora de la protección tiene características específicas y propias. Estamos hablando de una persona cuyas facultades intelectivas y volitivas no le permiten ejercer sus derechos como persona porque le impiden autogobernarse. Por tanto no se trata de un sistema de protección de la familia, sino única y exclusivamente de la persona afectada,* y tan sólo en la medida en que lo precise.

Esta doctrina ha sido reiterada por el Tribunal Supremo en numerosas sentencias, en las que se concibe la incapacitación como un traje a medida, aunque es de lamentar que el Alto Tribunal no haya introducido una mayor dosis de personalización, pues da la impresión de que se ha limitado a realizar una mera labor de corta y pega, habida cuenta de la similitud existente entre todas ellas.

De cuanto ha sido expuesto se desprende que la incapacitación al igual que la minoría de edad no cambia para nada la titularidad de los derechos fundamentales, aunque sí que determina su forma de ejercicio. De aquí, que deba evitarse una regulación abstracta y rígida de la situación jurídica del discapacitado. Como ha señalado la sentencia 600/2015 de 4 noviembre, para evitar una posible disfunción en la aplicación de la Convección de Nueva York, es necesario tener en cuenta, como principio fundamental, la importancia que para las personas con discapacidad reviste su autonomía e independencia individual, sus habilidades, tanto en el ámbito personal y familiar, que le permitan hacer una vida independiente, pueda cuidar de su salud, de su economía y sea consciente de los valores jurídicos y administrativos, reconociendo y potenciando la capacidad acreditada en cada caso, más allá de la simple rutina protocolar, evitando lo que sería una verdadera muerte social y legal que tiene su expresión más clara en la anulación de los derechos políticos, sociales o de cualquier otra índole reconocidos en la Convención.

## III. MARCO NORMATIVO DE LA INCAPACITACIÓN

El marco normativo de la incapacitación judicial se contiene desde una perspectiva general, de un lado, en los arts. 199 a 201 del Código civil, ubicados en el Título IX del Libro I, bajo la rúbrica *De la incapacitación*, en los que se regulan las causas de incapacitación, y, de otro, en los arts. 756 a 763 de la LEC, contenidos bajo la rúbrica *De los procesos sobre la capacidad de la persona*, en el Capítulo II, del Título I del Libro IV, en los que se regula las líneas maestras del procedimiento de incapacitación judicial.

Pero antes de analizar cuantas cuestiones atañen a la incapacitación es necesario hacer una referencia, por sucinta que sea, al *iter* seguido por la figura, al haber sido objeto de numerosas reformas desde 1889 en que se publicó el Código civil a nuestros días, aunque ninguna ha sido tan acusada como la introducida por la Ley 13/1983, de 24 de octubre, de reforma del Código civil en materia de tutela. Por ello, en este recorrido se dedicará una intensidad desigual a las distintas reformas, centrando la atención en los hitos más importantes con indicación de las modificaciones introducidas al hilo de los mismos.

### *1. Regulación originaria en el Código Civil*

En la redacción originaria del Código civil la incapacitación no gozó de un tratamiento autónomo al contemplarse dentro de la normativa de la tutela, a la que se dedicó una extensa y farragosa regulación, aunque al propio tiempo era en algunos aspectos ambigua y lagunosa. Entre sus rasgos característicos está la implantación del llamado sistema tutela de familia porque la vigilancia de la tutela estaba encomendada al protutor y al Consejo de familia. Por otra parte, instauró una concepción eminentemente patrimonialista de la institución, al estar más orientada a la protección de los bienes del incapacitado que al cuidado de su persona. Además, sólo eran incapacitables los mayores de edad. Otra particularidad del régimen originario afectó a la guarda del incapacitado, pues regía la unidad institucional como consecuencia de la erradicación de la figura de la curatela, a pesar del gran arraigo que tuvo en nuestra tradición jurídica.

En cuanto a las causas de incapacitación regía un sistema cerrado o de *numerus clausus*, al estar enunciadas de forma taxativa. Se trataba de la demencia o locura, la sordomudez en caso de analfabetismo ya que sólo operaba cuando el sordomudo no supiera leer ni escribir, la prodigalidad y la interdicción civil. Pero no se otorgó un tratamiento unitario a la institución al diversificar su régimen jurídico. Lo más destacado de la regulación de la tutela de los locos y sordomudos es que la incapacidad era total porque no se podía graduar, de tal forma que afectaba a todos los actos del incapacitado.

Con la entrada en vigor de la Constitución se produjo un giro radical en el tratamiento jurídico de los incapacitados, al dedicar en el Título I del Capítulo III, relativo a los principios rectores de la política social y económica, el art. 49 a la protección de los discapacitados, al imponer a los poderes públicos, de forma clara y precisa, la obligación de realizar políticas de previsión, tratamiento, rehabilitación e integración de los disminuidos físicos, sensoriales y psíquicos, a los que prestarán la atención especializada que requieran y los ampararán especialmente para el disfrute de los derechos que este Título reconoce a todos los ciudadanos, entre los que ocupan un destacado lugar la dignidad de la persona y el libre desarrollo de su personalidad en cuanto que son fundamento del orden político y de la paz social. Pero esta pretensión era incompatible con la incapacitación total.

### 2. *La Ley 13/1983, de 24 de octubre y reformas posteriores*

La adaptación del Código civil a la Constitución se llevó a cabo con la Ley 13/1983, de 24 de octubre de 1983, mediante la cual se acometió una reforma de profundo calado de la institución, que afectó a las causas de incapacitación, al procedimiento y a sus efectos jurídicos. Entre las novedades más llamativas está el establecimiento de una fórmula flexible y abierta en cuanto a las causas de incapacitación, al identificarlas en el art. 200 del CC con *las enfermedades y deficiencias persistentes de carácter físico o psíquico, que impidan a la persona gobernarse por sí misma*. La prodigalidad dejó de considerarse una causa de incapacitación a pesar del mantenimiento de la figura. Sin embargo, extendió la incapacitación a los menores de edad cuando se prevea que la incapacitación persistirá después de alcanzada la mayoría de edad. Además, generalizó la graduación de la incapacitación y en consonancia con ello introdujo la figura de la curatela. En cuanto al modelo introdujo un sistema proteccionista, pasando del concepto tradicional capacidad/incapacidad a una situación adaptable a las necesidades de protección del destinatario de la medida. Desde el punto de vista sistemático, la articulación de la reforma fue considerada por algunos autores un gran acierto, al regular conjuntamente en los arts. 199 a 214 del Código civil las causas de incapacitación y los líneas maestras de su procedimiento.

Con la Ley de 11 de marzo de 1987 por la que se modificó el Código civil en materia de adopción y de protección de menores, se otorgó un gran protagonismo al Ministerio Fiscal, cuya intervención en los procesos sobre incapacitación es preceptiva aunque no los haya promovido.

El siguiente hito en la materia lo marcó la Ley 1/2000, de 7 de enero, de Enjuiciamiento Civil, al romper con el tratamiento unitario de la institución, diversificando su régimen jurídico, como consecuencia de la derogación de los arts. 202 a 214 del Código civil, aunque gran parte de su contenido se incorporó al texto adjetivo en el que se regula actualmente el procedimiento de incapacitación.

### 3. *La Ley 41/2003, de 18 de noviembre, de protección patrimonial de las personas con discapacidad*

En cumplimiento del mandato constitucional recogido en el art. 49 de la Constitución se dictó *la Ley 41/2003, de 18 de noviembre, de protección patrimonial de las personas con discapacidad, de modificación del Código Civil, de la Ley de Enjuiciamiento Civil y de la Normativa Tributaria con esta finalidad,* para dispensar una protección integral en la esfera patrimonial a los discapacitados, puesto que tiene por objeto la constitución de un patrimonio especialmente protegido, que queda directamente vinculado a la satisfacción de las necesidades vitales de las personas con discapacidad. Son beneficiarias las personas que padezcan una minusvalía psíquica igual o superior al 33% o una minusvalía física igual o superior al 65%, con independencia de que en ellas concurra o no una causa de incapacitación y de que concurriendo hayan sido o no incapacitadas.

Además mediante esta ley se introdujeron importantes novedades en materia de incapacitación, entre las que resaltan las siguientes: 1. Extendió la legitimación activa al presunto incapaz para promover su propia declaración de incapacidad. 2. Implantó la tutela *ex lege* o automática de los incapaces por la Entidad Pública que en el respectivo territorio tenga encomendada su protección cuando ninguno de los llamados a la tutela en el art. 234 del CC sean nombrados tutores, o cuando se hallen en situación de desamparo. 3. Introdujo un cierto margen de actuación a la autonomía privada en la determinación de los instrumentos de protección, en previsión de una eventual y futura incapacitación, al regular por vez primera la figura de la autotutela que implicó la modificación del orden de delación. 4. Estableció un régimen tuitivo de carácter sucesorio, cuyos beneficiarios son en unos casos los discapacitados y en otros los incapacitados. Muestra de los primeros es el derecho de habitación sobre la vivienda habitual de los discapacitados y de los segundos la sustitución fideicomisaria a favor de los hijos incapacitados del testador.

El giro más importante en los últimos años lo ha marcado la *Convención sobre los derechos de las personas con discapacidad*, de la que ya se ha hablado al comienzo de la exposición de este trabajo, por lo que nos remitimos a lo que allí ya se ha dicho. Tan sólo resta añadir que, con el objeto de adaptar los procedimientos de modificación de la capacidad de obrar a la Convención se dictó la Ley 26/2011, de 1 de agosto, de adaptación de la normativa a la Convención Internacional sobre los derechos de las Personas con Discapacidad. Se trata de una ley muy extensa por la que se modificaron numerosas disposiciones legales, con el objeto de favorecer y fortalecer el acceso de los discapacitados a los bienes y servicios.

La evolución jurídica ha culminado con la implantación de un acogimiento residencial en centros de protección específicos de menores con problemas de conducta, dependientes de la Entidad Pública o de entidades privadas colaboradoras, en el que está prevista la utilización de medidas de seguridad y de restricción de libertades o derechos fundamentales. De dicho acogimiento se ocupan, con una gran minuciosidad, los arts. 25 a 35 de la LO 1/1996 de 15 de enero, de Protección jurídica del menor, de modificación parcial del Código Civil y de la Ley de Enjuiciamiento Civil, en la redacción dada a los mismos por la LO 8/2015, de 22 de julio, de modificación del sistema de protección a la infancia y a la adolescencia. Para el ingreso en dichos centros es necesario recabar la correspondiente autorización judicial, que se otorgará tras la tramitación del procedimiento regulado en el artículo 778 bis de la Ley de Enjuiciamiento Civil, y deberá pronunciarse sobre la posibilidad de aplicarles medidas de seguridad. En el caso de menores con discapacidad, se continuará con los apoyos especializados que vinieran recibiendo o se adoptarán otros más adecuados, incorporando en todo caso medidas de accesibilidad en los centros de ingreso y en las actuaciones que se lleven a cabo.

## IV. CAUSAS DE INCAPACITACIÓN

De las causas de modificación judicial de la capacidad de la persona se ocupa el art. 200 del CC, a tenor del cual *son causas de incapacitación las enfermedades o deficiencias persistentes de carácter físico o psíquico que impidan a la persona gobernarse por si misma*. La redacción de este precepto fue dada por la Ley 13/1983, con la que se produjo un gran giro en la materia, al sustituir el sistema de tipificación por el establecimiento de una fórmula flexible y abierta en la que tienen cabida las distintas patologías, puesto que no existe ningún catálogo a este respecto. Este cambio fue considerado laudable por la generalidad de la doctrina, por cuanto evitó los problemas surgidos en la regulación originaria, en la que muchas enfermedades mentales no encajaban en las causas de incapacitación al estar ceñidas a la locura o demencia, pero también se consideró por un destacado civilista que la inexistencia de un listado de causas de incapacitación podía ser una fuente de inseguridad jurídica al no existir uniformidad en su aplicación. De hecho ha generado una cascada de litigios y controversias.

La presunción de capacidad general de los mayores de edad establecida en el art. 200 del CC, sólo desaparece *cuando se prueba la concurrencia de una enfermedad de carácter persistente que permita concluir que aquella persona no se halla en situación de regir su persona, administrar sus bienes y cumplir con las restantes funciones de una persona media*, como han señalado, entre otras muchas, las sentencias 421/2013, de 24 junio y 600/2015, de 4 noviembre.

Las patologías que dan lugar a la incapacitación son muy diversas, como también lo son el grado y la intensidad con que se manifiestan en cada persona. La mayoría de los casos resueltos por el Tribunal Supremo en las sentencias consultadas están referidos a personas de avanzada edad, aquejadas de enfermedades degenerativas asociadas a la longevidad, como son la demencia senil y el alzhéimer, las cuales llegan a anular la capacidad de juicio y la voluntad de quienes las padecen. También son numerosos los casos de trastornos depresivos y paranoicos. Sin embargo, en ninguna de las fuentes consultadas el presunto incapaz padece el síndrome de down que, como se sabe, está caracterizado por la existencia de un grado variable de discapacidad cognitiva psíquica de origen genético, lo que me ha llevado a pensar que las personas con síndrome de down no suelen ser incapacitadas o, cuando lo son, su incapacitación no acarrea ningún tipo de problema. Pero al no existir ninguna lista de enfermedades y deficiencias desencadenantes de la modificación judicial de la capacidad, cuanto se diga a continuación es plenamente aplicable a estas personas.

Aunque el art. 200 CC incluye en su ámbito de aplicación las enfermedades o deficiencias físicas, estas patologías por sí solas carecen de relevancia jurídica para modificar judicialmente la capacidad de la persona, por lo que sólo constituirán una causa de incapacitación cuando impidan la comunicación con el exterior, de manera que la persona no pueda manifestar su voluntad o querer interno, como acontece indudablemente en los estados de coma vigil. Por tanto, para que se pueda modificar judicialmente la capacidad de una persona es necesario que padezca una discapacidad psíquica o mental que limite sus facultades cognitivas y volitivas. Entre los criterios indicativos de la ausencia o limitación de dichas facultades están la imposibilidad de adoptar decisiones en el área de la salud, como es el seguimiento del tratamiento médico, la carencia de habilidades funcionales en orden al autocuidado personal, la falta de comprensión de los actos realizados, el desconocimiento del valor del dinero y, por tanto, la imposibilidad de administrar los bienes, la vulnerabilidad a la manipulación de terceros y, en general, la ineptitud de la persona para desenvolverse por si misma en la sociedad y para el libre desarrollo de la personalidad.

La paradigmática sentencia 282/2009, de 29 de abril, consideró que para incapacitar a una persona la falta de capacidad debe tener carácter permanente, es decir, tiene que existir una estabilidad no sujeta a grandes variaciones, que influya sobre la idoneidad de la persona para la realización de una serie de actos y sobre todo para que pueda desarrollar de forma adecuada y libre la personalidad y, además, debe ser irreversible. Sin embargo, en numerosas sentencias se ha puesto de manifiesto que el carácter cíclico de una enfermedad o deficiencia por la existencia de intervalos lúcidos, no excluye la incapacitación, aunque si condiciona el régimen tuitivo, y es por lo que la medida concreta de protección deberá adaptarse a lo que las circunstancias particulares requieran en cada caso concreto sometido a la consideración de los jueces y tribunales.

Según la añeja sentencia de 31 de diciembre de 1991 las deficiencias son *aquellos estados en los que se da un impedimento físico, mental o psíquico, permanencial y a veces progresivo que merma la personalidad, la deteriora y amortigua, con efectos en la capacidad volitiva y de decisión, incidiendo en su conducta al manifestarse como inhabilitante para el ejercicio de los derechos civiles y demás consecuentes.* Pero como señaló un destacado autor a principios de la década de los 90, *se puede padecer una enfermedad o deficiencia inhabilitante y, sin embargo, si su sintomatología externa es excluida mediante el oportuno tratamiento o remedio, de modo que el sujeto pueda comportarse con normalidad, no existirá causa de incapacitación, ya que los avances de la medicina en el terreno psiquiátrico permiten hoy un comportamiento prácticamente normal a enfermos que hace unos años hubieran estado condenados a largas estancias, cuando no a reclusiones de por vida, en establecimientos psiquiátricos; de donde se infiere que el carácter persistente de la enfermedad no sea suficiente para la incapacitación sino que se requiere también, como consecuencia de la misma, que el sujeto sea incapaz de gobernarse a si mismo, es decir, cuando el proceso del enfermo o deficiente es de los que no conceden remisiones espontáneas ni terapéuticas, la incapacitación está justificada.*

El Tribunal Supremo ha delimitado el significado y alcance de la expresión autogobierno en la sentencia 341/2014 de 1 de julio, al definirlo como *la aptitud necesaria para obrar por uno mismo, para actuar libremente. Una acción libre presupone un conocimiento suficiente y un acto de voluntad, de querer y desear algo. De ahí que si algunas enfermedades o deficiencias físicas o psíquicas limitan el autogobierno o lo excluyen, ya sea porque impiden el conocimiento adecuado de la realidad y la posibilidad de realizar juicios de conveniencia, o anulan o merman la voluntad, constituirán causas de incapacitación. Pero lo serán en atención a este efecto de impedir en la realidad el autogobierno de una persona determinada. Y como la realidad ordinariamente es complicada, es preciso admitir que, como recordaba ya la sentencia 479/1994, de 20 de mayo, en algún caso el estado mental de una persona admite distintos grados de discernimiento, y conforme a ellos la pérdida de autogobierno* (será) *parcial o referida a algunas actividades vitales y no a otras.* Para la sentencia 781/2004 de 14 julio, el autogobierno supone *la idoneidad de la persona para administrar sus intereses, intereses que comprenden no sólo los materiales, sino también los morales y, por ende, la guarda de la propia persona, o, como dice un autor, «el gobierno de si mismo por si mismo significa la adopción de decisiones y la realización de actos concernientes a su propia esfera jurídica tanto en el plano estricto de la personalidad como en el plano económico o patrimonial».*

Por lo tanto, las anomalías y su apreciación de persistentes no bastan para incapacitar a una persona, sino que es necesario que el trastorno permanente, oscile o no en intensidad, impida al sujeto afectado gobernarse por sí mismo, porque lo que verdaderamente sobresale es la concurrencia de este segundo requisito, hasta el punto de erigirse en causa y fundamento de la declaración de incapacidad, como viene declarando el Tribunal Supremo de manera reiterada desde la sentencia 818/1998, de 28 de julio. En este caso litigioso el presunto incapaz no fue incapacitado, a pesar de padecer una depresión neurótica persistente, incurable e irreversible, al considerar que ello no le impedía tomar decisiones en todos los órdenes de su vida, tanto en el plano personal como en el patrimonial, porque su estado patológico no revestía entidad e intensidad suficiente como para impedir su autogobierno, en el sentido de no poder actuar por sí mismo en el mundo jurídico, pues la enfermedad que padecía era controlable terapéuticamente. Sin embargo, en la sentencia 781/2004 de 14 julio, dictada en un caso en que el presunto incapaz conservaba intactas sus facultades cognitivas y volitivas, el Tribunal Supremo entendió que no se hallaba en situación de autogobierno porque padecía una tetraplejia total, necesitaba constantemente el cuidado de una tercera persona, y su afasia (pérdida del habla) le impedía comunicarse de forma libre y espontánea para llevar a la práctica las decisiones tomadas anteriormente, tanto respecto de su persona como respecto de la administración de sus bienes. Pero en este caso concreto cabe dudar de la bondad de semejante decisión.

## V. EL PROCEDIMIENTO DE INCAPACITACIÓN

La modificación judicial de la capacidad de la persona es una de las decisiones más graves y trascendentales que los jueces deben adoptar en el ejercicio de su función jurisdiccional, porque lo que está en juego no son los bienes ni el dinero, sino la propia libertad de los seres humanos y, por ello, la decisión por la que se declara la ineptitud de la persona para regirse por si misma sólo se puede adoptar en una sentencia judicial, dictada en un procedimiento contradictorio que debe estar revestido de todas las garantías procesales, y, es por esto que la observancia de todos los requisitos legalmente establecidos debe ser estricta y rigurosa. Así resulta de lo dispuesto en el art. 199 CC, a tenor del cual *nadie puede ser declarado incapaz sino por sentencia judicial en virtud de las causas establecidas en la Ley*. En este precepto se contiene una manifestación concreta del principio de legalidad establecido en el art. 9.3 de la Constitución, lo que implica que la incapacitación no se puede declarar mediante un auto judicial y menos aún por una resolución administrativa.

Como ha declarado la sentencia 617/2012 de 11 octubre, el estado patológico del incapacitado y su incidencia en la facultad de autogobierno, debe ser detectado a través de una compleja valoración de las condiciones personales del sujeto, atendiendo a su exclusivo interés, aplicando un criterio restrictivo por las limitaciones de los derechos fundamentales que comporta, con independencia del alcance de la incapacitación. Por ello, la situación de inidoneidad natural para regir su persona y administrar y disponer de sus bienes, debe quedar claramente acreditada y correctamente valorada, de manera que en estos procesos los órganos judiciales no pueden limitarse a describir los hechos, sino que deben emitir un juicio de valor y, además, deben hacerlo atendiendo a las circunstancias concretas concurrentes en cada caso litigioso sometido a su consideración, por lo que en esta materia no pueden dictar soluciones generales.

## *1. Rasgos generales del procedimiento*

El procedimiento de modificación judicial de la capacidad está regulado en los arts. 756 a 763 LEC. La competencia territorial corresponde al juez de Primera Instancia del lugar en que resida el presunto incapaz. La posición de garante está atribuida al Ministerio Fiscal, cuya intervención es preceptiva aunque no haya promovido el proceso de modificación de la capacidad, en cuyo caso asumirá la representación y defensa del presunto incapaz.

Se trata de un único procedimiento, con independencia de la causa determinante de la incapacitación y de la institución de protección a la que quede sometido el incapacitado.

Por razones de celeridad y de economía procesal, en el procedimiento en que se declara la incapacidad se puede nombrar a la persona o personas que hayan de asistir o representar al incapaz cuando se haya solicitado en la demanda. En este caso es necesario, con arreglo a lo dispuesto en el art. 759.2 LEC, que sean oídos los parientes más próximos del presunto incapaz, el propio incapaz cuando tenga suficiente juicio, y las demás personas que el juez o tribunal considere oportuno.

Cuando no se haya solicitado en la demanda el nombramiento de tutor o curador hay que seguir los trámites del expediente de jurisdicción voluntaria regulado en los arts. 43 a 51 de la Ley 15/2015, de 2 de julio, de la Jurisdicción Voluntaria. En este caso la resolución dictada por el Juez adopta la forma de auto. Sin embrago, el nombramiento del defensor judicial, del que se ocupan los arts. 27 a 32 de dicha Ley, corresponde al Letrado de la Administración de Justicia y es por lo que su resolución adopta la forma de Decreto. En estos expedientes no es preceptiva la intervención de Abogado ni Procurador, salvo en lo relativo a la remoción del tutor o curador en el que será necesaria la intervención de Abogado, como reza el art. 43.3 de la citada Ley.

Sin embargo, con anterioridad a la entrada en vigor de la Ley 1/2000, de 7 de enero, de Enjuiciamiento Civil, regía un sistema dual porque la constitución del órgano tutelar siempre se integraba en un procedimiento de jurisdicción voluntaria, que debía iniciarse a partir de la firmeza de la sentencia en que se declaraba la incapacidad por tratarse, según la sentencia de 27 de enero de 1998, de un presupuesto indispensable y, por ello, en este supuesto el Tribunal Supremo rechazó de manera expresa el nombramiento del tutor. Otro tanto sucedió en la sentencia de 16 de septiembre de 1999, dictada en un caso de incapacitación parcial, al considerar que la curatela debía constituirse en un acto de jurisdicción voluntaria.

## 2. *Legitimación para promover la incapacitación*

En cuanto a la legitimación activa sólo pueden solicitar la declaración de incapacidad, a tenor de lo dispuesto en el art. 757.1 LEC el presunto incapaz, el cónyuge o la persona que se encuentre en una relación de afectividad análoga a la conyugal, los descendientes, los ascendientes y los hermanos del presunto incapaz y, subsidiariamente, el Ministerio Fiscal. Pero en la práctica la regla general se invierte dado que la mayoría de los procesos son promovidos por el Ministerio Fiscal, aunque suele actuar a instancias de los parientes, con el objeto de evitarse el coste económico que acarrea el procedimiento judicial. Sin embargo, la modificación de la capacidad de los menores de edad sólo puede ser promovida por quienes ejercen la patria potestad o la tutela, pues ni siquiera el Ministerio Fiscal está legitimado para promoverla. La legitimación del presunto incapaz fue una de las importantes novedades introducidas por la Ley 41/2003, de 18 de noviembre, de protección patrimonial de las personas con discapacidad.

El elenco contemplado en el art. 757 LEC está tasado porque la legitimación activa para instar la incapacitación corresponde exclusivamente a las personas mencionadas en dicho precepto. En este sentido resolvió de manera expresa la sentencia 681/2014, de 7 de julio, dictada en un caso en el que no prosperó la declaración de incapacidad de tres hermanas al haber sido pedida por una sobrina carnal y no por la única hermana viva de las tres presuntas incapaces, que era la única que podía solicitarla, la cual no sólo no la pidió, sino que además se opuso radicalmente a la incapacitación.

No obstante, cualquier persona pueda poner en conocimiento del Ministerio Fiscal, los hechos que pueden ser determinantes de la incapacitación, como establece el art. 757.3 LEC

### 3. *Medios de prueba de la incapacidad*

La normativa reguladora del procedimiento de incapacidad persigue la obtención por parte del juzgador del mayor número de datos sobre el presunto incapaz para resolver sobre la procedencia o no de la declaración de incapacidad y, en este último caso, poder determinar el régimen de tutela o guarda a que ha de quedar sometido el incapacitado, así como la persona o institución más idónea para el ejercicio de las funciones tutelares. Partiendo de estas consideraciones en numerosas sentencias, entre las que destaca la 341/2014, de 1 de julio, se ha configurado la incapacitación como un traje a medida que requiere de un conocimiento muy preciso de la situación de la persona afectada por la incapacidad, y, por tanto, el juez debe saber *cómo se desarrolla su vida ordinaria y representarse en qué medida puede cuidarse por sí misma o necesita alguna ayuda; si puede actuar por sí misma o si precisa que alguien lo haga por ella, para algunas facetas de la vida o para todas; hasta qué punto está en condiciones de decidir sobre sus intereses personales o patrimoniales, o precisa de un complemento o de una representación, para todas o para determinadas actuaciones. Para lograr este traje a medida, es necesario que el tribunal de instancia que deba decidir adquiera una convicción clara de cuál es la situación de esa persona, como se desarrolla su vida ordinaria, qué necesidades tiene, cuáles son sus intereses personales y patrimoniales, y en qué medida precisa una protección y ayuda*. A tal fin responde el art. 759 LEC, el cual tiene un marcado carácter imperativo, por ser una norma de *ius cogens*. En dicho precepto se han establecido los medios de prueba que preceptivamente han de practicarse para que los jueces y tribunales se cercioren de la deficiencia del presunto incapaz y de su alcance, ya que su falta de idoneidad natural para el ejercicio de los derechos debe quedar claramente demostrada y además debe ser correctamente valorada, siguiendo un criterio restrictivo.

Los medios de prueba establecidos legalmente están constituidos por la audiencia de los parientes más próximos del presunto incapaz, el examen del presunto incapaz y un dictamen pericial médico, cuya práctica es ineludible. Estos trámites deben respetarse escrupulosamente en el procedimiento porque se erigen, según la sentencia 282/2009 de 29 de abril, *en garantías esenciales del proceso de incapacitación, en la medida en que van dirigidas a asegurar el pleno conocimiento por el órgano judicial de la existencia y gravedad de las enfermedades o deficiencias persistentes de carácter físico o psíquico que concurren en el presunto incapaz y que le inhabilitan para gobernarse por sí mismo, que son la causa y fundamento de su incapacitación*.

Además de las pruebas preceptivas, se pueden practicar cuantas se consideren convenientes, a instancia de las partes o del Ministerio Fiscal, sin perjuicio de las que el juez o tribunal puedan acordar de oficio.

En lo que concierne a la audiencia de los parientes más próximos del presunto incapaz, en este grupo de familiares están incluidas las personas legitimadas para promover la declaración de incapacidad, siempre y cuando no la hayan promovido, porque con la formulación de la demanda se está dando explícitamente a conocer al juez el criterio que mantienen en relación con las condiciones del presunto incapaz. Esta solución ha sido acogida en la sentencia de 30 de diciembre de 1995, dictada con motivo de la solicitud de modificación judicial de la capacidad de un anciano que padecía demencia arteroesclerótica avanzada, promovida por un hijo suyo, con la oposición de su otra hija. En ella se declaró de manera expresa que *el demandante no tenía por qué ser oído formalmente en una nueva diligencia, pues con la formulación de su demanda, como acaba de decirse, ya había dado explícitamente a conocer al Juez cuál era su criterio acerca del estado físico y psíquico de su anciano padre*. Por la misma razón consideró supérflua e innecesaria la diligencia de audiencia de la hija porque en la contestación a la demanda dio a conocer al juez de forma amplia y clara su criterio contrario a la incapacitación de su padre. En atención a las circunstancias atípicas en que se desarrolló procesalmente este juicio el Tribunal Supremo consideró que el Juez cumplió con su obligación de oír a los parientes más próximos del presunto incapaz.

En la práctica los principales problemas relacionados con la audiencia de los parientes se han planteado en los casos de separación de los padres cuando la modificación judicial de la capacidad ha sido promovida exclusivamente por un progenitor. A este respecto es muy llamativa la sentencia 600/2015, de 4 de noviembre, dictada en un caso en el que el presunto incapaz, que convivía con su madre, padecía una discapacidad intelectual leve, pero de carácter irreversible que limitaba sus capacidades de querer, entender y libre determinación, sobre todo para actos de especial transcendencia. En este procedimiento incoado a instancia de la madre, que estaba en proceso de divorcio, el padre no compareció ni fue oído. Sin embargo, el Tribunal Supremo consideró que la omisión de la audiencia a alguno de los parientes más próximos, habiendo oído a otros, no determina la nulidad del procedimiento en casos como el enjuiciado, en el que el padre fue citado en primera instancia para ser oído y no compareció ni justificó su incomparecencia. Por ello, el Alto Tribunal entendió que la falta de personamiento no supuso una merma de las garantías, ni su audiencia hubiera determinado la adopción de una solución distinta. Además, dejó sentado con absoluta nitidez que *en el procedimiento de incapacidad no son los derechos de los progenitores los que deben tutelarse sino los de la persona cuya declaración de incapacidad se solicita y nada aporta a la defensa y protección de sus derechos del presunto incapaz que la condición de parte en el procedimiento la tenga un progenitor o los dos o que no la detente ninguno de los progenitores ya que la personación de los padres no es necesaria para la prosecución del procedimiento*.

Sin embargo, en la sentencia 174/2002, de 9 de octubre, dictada por el Tribunal Constitucional con motivo de la rehabilitación en la patria potestad exclusivamente a la madre de un hijo mayor de edad, con un retraso mental del 99%, se consideró que se había vulnerado el derecho del padre a la tutela judicial efectiva sancionado en el art. 24 de la CE porque no se le citó en la fase de audiencia. Por ello, el Tribunal Constitucional acordó retrotraer las actuaciones a la fase previa a la audiencia de los familiares del presunto incapaz para que el padre pudiera ser oído en el procedimiento.

De todas las pruebas legales previstas en la LEC la exploración judicial del presunto incapaz desempeña un papel determinante para conformar la opinión del órgano judicial acerca de las facultades intelectivas y volitivas del presunto incapaz. Se trata de una prueba directa, legal, autónoma y obligada que tiene un alcance constitucional porque afecta al principio de libre desarrollo de la personalidad, sancionado en el art. 10 de la CE, que no sólo se aplica al Juez, como reza el art. 759.1 de la LEC, sino también al Tribunal que constituya el estado civil de incapacitación. La presencia del presunto incapaz es un valioso dato probatorio en que fundamentar la decisión judicial y una garantía para evitar abusos y maquinaciones por parte de terceros.

También el dictamen pericial médico es un elemento de gran influencia en la convicción del juzgador pero carece de valor vinculante y, por tanto, no se le puede atribuir una fuerza mayor que la reconocida a cualquier otra prueba de peritos.

En la mayoría de los casos se presentan varios informes, conteniendo en algunas ocasiones opiniones diversas acerca de la incidencia de las limitaciones en la facultad de autogobierno.

La valoración de todas las pruebas aportadas en el proceso es una facultad discrecional del juez, el cual debe justificar en la motivación de la sentencia cómo ha llegado a la convicción de que el presunto incapaz no está en condiciones de regirse por sí mismo y en qué medida precisa de alguien que le asista o le represente.

### 4. *La sentencia de incapacitación*

La sentencia por la que se modifica la capacidad de la persona da lugar al nacimiento del estado civil de incapacitado, lo que comporta, como ya se ha dicho, la destrucción de la presunción *iuris tantum* de capacidad de obrar de las personas mayores edad establecida en el art. 322 CC. Por tanto, la sentencia tiene carácter constitutivo y sin efectos *ex tunc*, por lo que no afecta a los actos realizados por el incapacitado con anterioridad a la sentencia. Así lo ha reconocido el Tribunal Supremo en la reciente sentencia 234/2016, de 8 de abril, dictada con motivo de la impugnación de un testamento, que no prosperó por no haberse acreditado de manera indubitada la falta de capacidad del testador en el momento del otorgamiento del testamento. Ahora bien, aunque la sentencia no tiene efectos retroactivos, los actos realizados por el presunto incapaz antes de dictarse la sentencia pueden ser impugnados si en el momento de su celebración el afectado carecía de capacidad natural. En este sentido resolvió la sentencia 1101/2004 de 19 noviembre, en la que se declaró la nulidad de un contrato de compraventa porque la vendedora, que no estaba incapacitada, carecía de las facultades de entendimiento y voluntad a consecuencia de una demencia senil, impidiendo que lo hecho valiera como declaración.

Otra característica de la sentencia de incapacitación es que no produce efectos de cosa juzgada, dado que las circunstancias personales del incapacitado pueden variar, mejorando o agravando su situación personal, y es por lo que la incapacitación es revisable en un procedimiento ulterior. Así lo corrobora el art. 760.1 LEC al disponer que *la sentencia de incapacitación no impedirá que, sobrevenidas nuevas circunstancias, pueda instarse un nuevo proceso que tenga por objeto dejar sin efecto o modificar el alcance de la incapacitación ya establecida*.

Para solicitar la incoación de dicho proceso no sólo están legitimadas las personas que pueden promover la incapacitación, sino también las personas que ejercen cargos tutelares o tengan bajo su guarda al incapacitado, así como el propio incapacitado, que deberá recabar autorización judicial para comparecer por si mismo si hubiera sido privado en la sentencia de incapacitación de la capacidad para comparecer en juicio. En lo que concierne a las pruebas deben practicarse preceptivamente todas las previstas en el art. 759 LEC en primera instancia y, en su caso, si fuere necesaria en la segunda.

La sentencia que se dicte deberá pronunciarse sobre si procede o no dejar sin efecto la incapacitación, o sobre si deben o no modificarse su extensión y límites.

## VI. EXTENSIÓN Y LÍMITES DE LA INCAPACITACIÓN

La sentencia judicial da lugar al nacimiento del estado civil de incapacitado, pero a diferencia de lo que acontece con los restantes estados civiles, no afecta por igual a todas las personas, dada la diversa situación fáctica en que se encuentran quienes no pueden regirse por si mismos. Ello se plasma en la graduación de la incapacidad, como ha puesto de manifiesto la sentencia 244/2015, de 13 de mayo, tras considerar que *la graduación de la incapacidad puede ser tan variada como variadas son en la realidad las limitaciones de las personas y el contexto en que se desarrolla la vida de cada una de ellas.*

Por ello, en la sentencia por la que se modifica la capacidad deben especificarse los actos para los que el incapacitado debe estar representado o, en su caso, asistido por otra persona, indicando también si el alcance de la incapacitación es parcial o total, lo que va a depender, fundamentalmente, de su grado de discernimiento. No obstante, la incapacitación total es una medida muy drástica que sólo se debe adoptar cuando esta medida sea necesaria para asegurar la adecuada protección de la persona, como sucedió en el caso indiscutible de una paciente que entró en coma vigil a consecuencia de un accidente de tráfico.

En el terreno legal la graduación de la incapacitación esta prevista en el art. 760.1 de la LEC, al disponer que *la sentencia que declare la incapacitación determinará la extensión y los límites de ésta, así como el régimen de tutela o guarda a que haya de quedar sometido el incapacitado y, se pronunciará, en su caso, sobre la necesidad de internamiento, sin perjuicio de lo dispuesto en el art. 763.*

Las limitaciones pueden afectar a la esfera personal, a la patrimonial, o, a ambas simultáneamente, estando relacionadas las más frecuentes con el aseo personal, con la salud y con la administración, gestión y disposición de los bienes. Pero en todas las sentencias deberían reconocerse también los ámbitos de autonomía individual, tales como la libertad de deambulación o el manejo del llamado dinero de bolsillo para realizar gastos ordinarios, con el objeto de potenciar lo que se ha dado en denominar la capacidad residual, pues en esta materia debe existir un equilibrio entre las medidas de control y el libre desarrollo de la personalidad.

Entre los problemas más importantes y que más preocupan, tanto a las personas cuya modificación de la capacidad se solicita como a sus familias, está el relativo a la determinación de los actos personalísimos que puede o no ejercitar el incapacitado, como sucede con el derecho de sufragio, con el derecho a contraer matrimonio y con la capacidad para testar.

### *1. El derecho de sufragio*

El derecho de sufragio es un derecho fundamental y como tal está reconocido en el art. 23 de la CE. Además, en el artículo 29 de la Convención de la ONU se garantiza a las personas con discapacidad los derechos políticos y la posibilidad de gozar de ellos en igualdad de condiciones y como corolario lógico ejercer el derecho de voto. Sin embargo, el art. 3-1-b y 2 de la Ley 5/1985, de 19 de julio del Régimen Electoral General, señala que los declarados incapaces en virtud de sentencia judicial firme quedarán privados del derecho de sufragio, siempre que en ella se declare de manera expresa la incapacidad para su ejercicio. En aplicación de este precepto, en la mayoría de las sentencias se contienen pronunciamientos expresos a este respecto, reconociendo dicho derecho al incapacitado, en unos casos, y privándole del mismo, en otros. Por tanto, es posible la incapacitación y la reserva al incapacitado del derecho de sufragio. En este sentido ha resuelto de manera expresa la sentencia 421/2013 de 24 junio, al declarar que *la pérdida del derecho de sufragio no es una consecuencia automática o necesaria de la incapacidad, (...), pues una cosa es que una persona no pueda regirse por si misma, ni administrar su patrimonio, y otra distinta que esté impedida para ejercitarlo correctamente*. Es el juez que conoce del proceso quien debe *analizar y valorar la situación de la persona sometida a su consideración y pronunciarse sobre la conveniencia de negar el ejercicio de este derecho fundamental, que es regla y no excepción, a quien puede hacerlo no obstante su situación personal*. Pero en este caso concreto se reconoció la habilidad del incapacitado para tomar libremente una decisión de semejante naturaleza y la conveniencia de que lo hiciera como medida terapéutica para el tratamiento de su enfermedad. La solución dada en la sentencia anterior se ha consolidado con la reciente sentencia 373/2016 de 3 junio, al poner de manifiesto, de manera expresa, con absoluta nitidez y con muy buen criterio, que la decisión de privación del derecho de sufragio activo *es legalmente posible y compatible con la Convención de Nueva York, sin perjuicio de que para la eventual adopción de tal medida sea preciso examinar de forma concreta y particularizada las circunstancias e intereses concurrentes, evitando todo automatismo, incompatible con los derechos fundamentales en juego, para calibrar la necesidad de una medida dirigida a proteger los intereses del incapaz y el propio interés general de que la participación electoral se realice de forma libre y con un nivel de conocimiento mínimo respecto del hecho de votar y de la decisión adoptada*. Por ello, en el caso resuelto por esta sentencia, en que que la incapacitada padecía una pseudodemencia con un deterioro cognitivo leve, se consideró injustificado que fuera privada del derecho de sufragio, porque no se acreditó que no pudiera discernir el sentido de su voto, ni que lo pusiera en riesgo mediante la actuación de terceros.

### 2. *El derecho a contraer matrimonio*

El derecho a contraer matrimonio está catalogado en el art. 32 de la CE entre los derechos fundamentales, aunque para una válida celebración es preciso que exista una real y válida voluntad no aquejada de vicios invalidantes. Por ello, en el art. 56.2 CC se ha establecido que *si alguno de los contrayentes estuviere afectado por deficiencias o anomalías psíquicas, se exigirá dictamen médico sobre su aptitud para prestar el consentimiento*. De dicho precepto se desprende que las anomalías o deficiencias psíquicas no constituyen por sí mismas un impedimento para que la persona afectada por ellas pueda contraer matrimonio. Pero tampoco la incapacitación es un obstáculo para contraerlo como se deduce de lo dispuesto en el art. 171.2.4 CC, por cuanto en él se ha establecido como causa de extinción de la patria potestad prorrogada sobre los hijos que hubiesen sido incapacitados, el matrimonio contraído por el propio incapacitado. Por tanto, el estado de incapacitado no se puede considerar incompatible con la capacidad natural para contraer matrimonio.

No obstante, el problema de la validez del matrimonio se ha planteado en el Tribunal Supremo en varios casos en los que el contrayente afectado por las anomalías psíquicas no estaba judicialmente incapacitado. A este respecto se puede traer a colación la sentencia 235/2015, de 29 de abril, dictada con motivo del ejercicio de la acción de nulidad de un matrimonio por los hermanos del presunto incapaz, en un caso en el que el Encargado del Registro Civil en su entrevista reservada no percibió la existencia de deficiencias o anomalías psíquicas en el contrayente y es por lo que no recabó el dictamen médico sobre su aptitud para contraer matrimonio. La pretensión de nulidad fue desestimada por el Alto Tribunal porque no se destruyó la presunción de capacidad del contrayente, dado que los actores no pudieron acreditar que el demandado padeciese una deficiencia psíquica que le imposibilitara conocer las consecuencias del matrimonio que contrajo. Además, en el caso de autos se reprochó a los demandantes que de ser ciertas las deficiencias de su hermano, no hubieran instado las correspondientes medidas de apoyo y asistencia o, en su caso, de sustitución en la toma de decisiones encaminadas a la protección de su persona y patrimonio.

Sin embargo, en el caso resuelto por la sentencia 778/2004 de 14 julio, se declaró nulo el matrimonio a instancia de uno de los contrayentes que no estaba incapacitado, porque en el momento de su celebración prestó su consentimiento teniendo gravemente afectada su inteligencia y voluntad, como consecuencia del trastorno depresivo mayor recurrente que padecía, por lo que no pudo conocer ni querer el acto que estaba realizando, pues en tal momento sobrepasaba su capacidad.

### 3. *La capacidad para testar*

Del derecho del incapacitado a otorgar testamento se ocupa el art. 665 del Cc, en la redacción dada al mismo por la Ley 30/1991, de 20 de diciembre, de modificación del Código civil en materia de testamentos. Según dicho precepto cuando la sentencia no contenga un pronunciamiento acerca de su capacidad para testar, el Notario designará dos facultativos que previamente le reconozcan y no lo autorizará sino cuando estos respondan de su capacidad. Por tanto, la incapacitación no excluye la capacidad para testar, aunque ello va a depender en cada caso concreto del contenido de la sentencia, afirmando la capacidad o negándola, en cuyo supuesto el incapacitado no podrá otorgar testamento válido.

### 4. *El ejercicio de la acción de separación y divorcio por el representante legal del incapacitado*

Dado que la prestación del consentimiento para contraer matrimonio es un acto personalísimo y no se permite que sea prestado por otra persona, se discute si esta limitación afecta también al consentimiento para el ejercicio de las acciones de separación y de divorcio del incapacitado. Lo que se debate es, en definitiva, si el tutor está legitimado o no para ejercitar dichas acciones en nombre y por cuenta del cónyuge incapacitado. De ello se ocupó el Tribunal Constitucional en la Sentencia 311/2000, de 18 de diciembre, en la que reconoció, en línea de principio, la legitimación procesal del tutor para ejercitar la acción de separación matrimonial, y es por lo que consideró que en el caso de autos se había lesionado el derecho a la tutela judicial efectiva de la persona incapaz, por la negativa a que la madre pudiera ejercitar dicha acción.

En lo que concierne a la acción de divorcio, la cuestión se planteó en la modélica Sentencia 625/2011, de 21 de septiembre, en cuyo caso concurrían causas de separación antes de que la esposa sufriera un accidente, a consecuencia del cual quedó tetrapléjica y en estado de coma vigil, del que no se había recuperado cuando se entabló el procedimiento judicial de incapacitación promovido por los padres, quienes fueron nombrados tutores por razón de su mayor disponibilidad para hacerse cargo de la incapacitada. Los tutores interpusieron en primer lugar la acción de separación de los cónyuges, que fue estimada en interés de la incapacitada, al concurrir las causas de separación antes del accidente de la esposa, que demostraban un cierto desafecto entre los cónyuges. Con posterioridad los tutores interpusieron demanda de divorcio a la que se opuso el esposo. Sin embargo, el Tribunal Supremo otorgó, con buen criterio, legitimación activa a los tutores para ejercitar la acción en nombre y por cuenta de su hija incapacitada porque sus condiciones le impedían actuar por sí misma. Entre otros argumentos se consideró que sería ilógico que el marido pudiera obtener el divorcio en cualquier momento y que no pudiera solicitarlo la esposa a través de sus representantes legales, pues, de no admitirse, el matrimonio se convertiría de hecho para ella en indisoluble si el cónyuge capaz no quisiera demandarlo. En el supuesto litigioso los tutores obtuvieron autorización judicial para interponer la acción de divorcio como representantes legales de su hija incapacitada, en consonancia con lo dispuesto en los arts. 267 y 271 CC, cuya solución ha sido muy loable porque con ella se evitan situaciones de abuso y de maltrato.

## VII. EL INTERNAMIENTO NO VOLUNTARIO POR RAZÓN DE TRASTORNO PSÍQUICO

Al hilo de la regulación del proceso de modificación judicial de la capacidad de la persona, se ha regulado el internamiento no voluntario por razón de trastorno psíquico cuando la persona no está en condiciones de decidirlo por si misma. Pero no se trata de una consecuencia normal de la incapacitación, ni emana de la normativa contenida en el art. 200 del CC, por lo que no toda persona con capacidad modificada judicialmente tiene que ser ingresada en un centro, ni a toda persona que precisa el ingreso en un centro se le debe modificar judicialmente su incapacidad. Así lo ha puesto de manifiesto la STC 34/2016 de 29 febrero, al declarar que la incapacitación y el internamiento son instrumentos jurídicos distintos, aunque no son incompatibles entre sí, por lo que pueden llegar a *operar conjuntamente en una relación de continente a contenido*, como sucederá si al hilo de un proceso de incapacitación se promueve dicha medida de protección. El internamiento normalmente tiene lugar en centros psiquiátricos y geriátricos, aunque en el caso de los menores de edad debe hacerse en un establecimiento de salud mental adecuado a su edad, previo informe de los servicios de asistencia al menor.

El internamiento involuntario se rige por los principios de necesidad, proporcionalidad, audiencia y periodicidad. Así lo evidencia el art. 763 de la LEC, en el cual se han establecido los requisitos que necesariamente deben concurrir en todos los casos para que el internamiento no sea considerado ilegal. Ahora bien, como ha reconocido el Tribunal Constitucional, entre otras, en la sentencia 132/2010 de 2 diciembre, dicho precepto adolece de inconstitucionalidad formal, por ausencia del debido rango legal, por cuanto afecta a la libertad personal, que está reconocida en el art. 17 de la CE entre los derechos fundamentales y, como tal, debería haberse regulado en una ley orgánica. Pero aunque entraña una vulneración de la Constitución, el Tribunal Constitucional no lo ha declarado nulo para evitar que se produzca un vacío normativo, máxime cuando no se ha cuestionado en ninguna sentencia el contenido material de dicho artículo.

Según el art. 763 LEC el internamiento involuntario puede ser ordinario o urgente, cada uno de los cuales está sometido a la concurrencia de condiciones diversas. En el ingreso ordinario se ha establecido la exigencia de autorización judicial previa, que debe recabarse del tribunal del lugar donde resida la persona afectada por el internamiento. Este requisito es ineludible incluso en el caso de las personas sometidas a patria potestad o a tutela. Sin embargo, en el internamiento por razones de urgencia el legislador permite, con carácter excepcional, que el responsable de un centro pueda ordenar el internamiento sin control judicial previo, con la obligación de comunicarlo al órgano judicial competente para que provea a la ratificación o no de la medida. A tal fin la STC 141/2012, de 2 julio, ha exigido la concurrencia de varios requisitos, distinguiendo entre los propios de la actuación extrajudicial y los de la fase posterior de control judicial. En lo que respecta a los primeros, debe probarse la enajenación mental del afectado por la medida mediante un dictamen pericial médico. Por otra parte, el juez debe informarle sobre su situación material y procesal, y, por tanto, sobre el derecho a estar asistido por un abogado y procurador, que le defienda, lo que implica, a su vez, el derecho del afectado a ser oído personalmente dentro del procedimiento. Además, el responsable del centro debe comunicar el internamiento al juez competente en el plazo máximo de 24 horas, que no tiene que agotarse necesariamente en el supuesto concreto ni cabe agotarlo discrecionalmente. Este plazo no puede elevarse más allá de las setenta y dos horas, al resultar vinculante en este ámbito privativo de libertad la limitación que fija el art. 17.2 CE para las detenciones extrajudiciales, el cual no opera con carácter exclusivo en el orden penal. El cómputo del plazo comienza en el momento en que se produce materialmente el ingreso del afectado en el interior del recinto y contra su voluntad. Esta precisión es importante cuando la persona accede inicialmente al tratamiento de manera voluntaria y posteriormente exterioriza su cambio de criterio, siendo en ese preciso momento cuando, tornándose en involuntario, se precisará la concurrencia de los requisitos del art. 763.1 LEC para poder mantener el internamiento, empezando simultáneamente a correr el cómputo de las 24 horas para comunicarlo al órgano judicial. Cuando se exceda el plazo legal de las 24 horas se podrá recabar la tutela judicial del afectado mediante el procedimiento de *habeas corpus*. Por último, deben hacerse revisiones periódicas para verificar si la perturbación persiste, pues el internamiento no puede prolongarse válidamente cuando no subsista el trastorno mental que dio origen al mismo, de manera que el director del centro sigue siendo responsable de la vida e integridad física y psíquica del interno hasta que se acuerde el alta, bien por orden judicial o porque a criterio de los facultativos se aprecie que han desaparecido o mitigado suficientemente las causas que motivaron el internamiento.

En lo que concierne a la fase de control judicial, en el internamiento urgente se ha establecido un plazo de 72 horas, a contar desde que el Tribunal competente tiene conocimiento de la adopción de la medida por el centro, para que practique las pruebas oportunas y ratifique el internamiento o, en caso contrario, ordene su cesación. Este plazo es una concreción en este ámbito del plazo del art. 17.2 CE establecido para la detención preventiva, como se desprende de la tramitación parlamentaria de dicho precepto legal.

El Tribunal Constitucional en los últimos años ha enjuiciado, al menos en cuatro casos, internamientos involuntarios urgentes desde la óptica exclusiva de la violación del derecho fundamental a la libertad personal, como consecuencia de la inobservancia de los plazos legalmente establecidos en el art. 763 de la LEC. Esta tendencia comenzó con la sentencia 141/2012, de 2 julio, dictada en un caso en el que el ingresado padecía un trastorno bipolar, al que se otorgó el amparo solicitado porque el juez resolvió sobre el internamiento catorce días después de la expiración del plazo legal, con la paradoja añadida de que en la fecha en que fue dictado el auto el demandante de amparo ya había recibido el alta hospitalaria. Además, no se informó al afectado por la medida sobre sus derechos dentro del procedimiento, ni en cuanto a la designación de letrado para su defensa, ni sobre la práctica de las pruebas que podían resultar pertinentes. Tampoco se motivó la medida privativa de la libertad personal ni se argumentó sobre su necesidad y proporcionalidad.

En la STC 13/2016 de 1 febrero, dictada por la Sala Primera con motivo del internamiento involuntario urgente de una persona que padecía el síndrome de Diógenes, la comunicación al Tribunal de la medida y de sus motivos se hizo con posterioridad al vencimiento del plazo legal de 24 horas y no se realizó por el Director del centro, sino por dos trabajadoras. A ello se sumó la inexistencia de un informe médico que acreditase el trastorno psíquico justificante del internamiento inmediato. Otra particularidad residió en este caso en que el Tribunal acordó la libertad inmediata de la persona internada, al no constar en las actuaciones del recurso de amparo que la recurrente hubiera recibido el alta por el centro asistencial donde fue internada.

En la STC 22/2016, de 15 de febrero, dictada por la Sala Segunda, en un caso de internamiento involuntario en un centro psiquiátrico, el recurso de amparo se fundamentó en la vulneración en la sentencia de primera instancia del derecho a la asistencia jurídica, cuya lesión no se consideró reparada por la posibilidad de interposición posterior de recurso de apelación contra la decisión adoptada.

Pero el caso más llamativo fue el resuelto por la Sala Segunda del Tribunal Constitucional en la reciente sentencia 34/2016, de 29 de febrero, dictada con motivo del internamiento no voluntario en un centro sociosanitario de una persona mayor que padecía alzheimer, al haberse realizado sin previa autorización judicial y sin que concurrieran razones de urgencia para el ingreso. En este caso la ilegalidad vino motivada porque la solicitud de internamiento se formuló por la Fiscalía casi cuatro meses después de haberse producido el ingreso. Por ello el Tribunal Constitucional reprochó a los órganos judiciales que denegaron la solicitud que no hubieran dictado de oficio una decisión que pusiera fin a la ilicitud del internamiento, como era la adopción de una medida cautelar en un proceso de modificación judicial de la capacidad.

De cuanto se acaba de exponer se desprende que la exigencia de autorización judicial previa y, en su caso, la ratificación ulterior, han sido establecidas para salvaguardar y garantizar el derecho fundamental a la libertad proclamado en el art. 17 de la CE.

# PATOLOGÍA DUAL EN EL SÍNDROME DE DOWN: TRASTORNO DEL ESPECTRO AUTISTA Y OTRAS PATOLOGÍAS RELACIONADAS

BEATRIZ GARVÍA
*Psicóloga*
M. DOLORES TORRES
*Psicóloga*

## 1. SALUD MENTAL EN EL SÍNDROME DE DOWN: CONCEPTOS, FACTORES PROTECTORES Y PREVENCIÓN

El objetivo de nuestra intervención, como psicólogas clínicas de la Fundació Catalana Síndrome de Down, es el **bienestar emocional** de nuestros pacientes, bienestar emocional entendido como los recursos que tiene una persona para alcanzar los niveles correspondientes de salud mental y vivir con la mayor plenitud posible, desarrollando los aspectos más sanos y aprendiendo a afrontar las dificultades, los fracasos y los retos inevitables que plantea la vida.

Durante muchos años se ha centrado la atención en los problemas médicos que presentaba el síndrome de Down, estudiándolos, buscando tratamientos y creando programas de salud para prevenirlos y controlarlos. Mientras tanto, la persona con síndrome de Down permanecía segregada, en centros especiales, y no formaba parte activa de la sociedad.

A finales del siglo pasado esta situación empieza a cambiar y las personas con síndrome de Down comienzan a compartir espacios y experiencias con el resto de la población. La escuela inclusiva integra al niño con discapacidad en la sociedad y las empresas también lo empiezan a hacer ofreciendo trabajo a empleados con discapacidad intelectual.

En lo que respecta a la salud mental, durante todos esos años, el hecho mismo de la discapacidad ha venido sirviendo de cajón de sastre en el que colocar cualquier conducta problemática o disocial ("como es así"...). De hecho, en los manuales de clasificación diagnóstica, los trastornos mentales de las personas con discapacidad intelectual no estaban adaptados, apareciendo "el retraso mental" como un trastorno específico.

El concepto de **diagnóstico dual** se introduce en España en 1999 para referirse a las personas que teniendo discapacidad intelectual presentan también un trastorno psicológico o psiquiátrico, susceptible de ser diagnosticado y tratado.

Esta nueva situación nos ha llevado a centrarnos en la aparición de nuevos problemas y a atender, diagnosticar y tratar los trastornos mentales que han ido apareciendo en este colectivo.

Hemos aprendido también que ciertas cuestiones educativas, difíciles de evitar, favorecen la aparición de problemas psicológicos que podrían no surgir. Nos referimos a la manera tradicional de educar a la persona con síndrome de Down, no dejando mostrar su deseo, diciéndole constantemente lo que tiene que hacer, cómo y cuándo tiene que hacerlo, no dándole libertad para elegir (ni para elegir su ropa, muchas veces) y sobreprotegiéndole. Esta situación no crea un clima adecuado para desarrollar una buena salud mental. Una discapacidad no debe justificar ni un comportamiento anómalo ni que la persona portadora sea educada o reciba mensajes diferentes del resto de la población.

Las personas con síndrome de Down son más vulnerables que el resto de la población y necesitan más apoyos para integrarse socialmente, para aceptarse a sí mismas, para tener una mayor confianza en sus propios logros y para conseguir una mayor seguridad.

Por tanto, para prevenir y asegurar su bienestar mental, la persona con síndrome de Down necesita un buen sistema de apoyos, relaciones personales y sociales, implicarse en la comunidad, conocerse a sí misma y recibir una educación basada en la responsabilidad y la confianza.

La necesidad de atención psicológica no tiene que suponer, pues, la existencia de un trastorno mental. El apoyo psicológico a las personas con síndrome de Down y a sus familias es muy necesario, aunque no existan trastornos mentales, porque la tarea educativa de un hijo con discapacidad es muy compleja y porque insertarse en la sociedad siendo portador de un síndrome no es algo fácil de conseguir.

La promoción de la salud mental, **la prevención** y la valoración temprana de un posible trastorno son, pues, factores esenciales para optimizar la salud y limitar la enfermedad. Asimismo, el seguimiento de la persona a lo largo de la vida nos permite conocer sus puntos fuertes y sus puntos débiles, entender su ambiente familiar y saber los recursos que tiene para afrontar sus situaciones vitales. Con esta base, podemos prevenir muchos problemas de salud mental.

Existen, pues, ciertos factores que favorecen la salud mental:

- Conocerse y aceptarse –identidad–.
- Tener una buena autoestima.
- Disponer de un círculo de relaciones familiares, personales y sociales que posibiliten la sensación de sentirse querido, aceptado y valorado.
- Disponer de los apoyos necesarios.
- Tener referentes de normalidad.

La autoestima, el amor propio y la buena aceptación de uno mismo proporcionan la seguridad de sentirse querido, aunque se tenga una discapacidad. Y para ello es necesario que exista una buena aceptación por parte de los padres y amor. Un ser humano, con o sin discapacidad, que se siente amado puede establecer un vínculo satisfactorio con sus semejantes y esto le llevará a tener unas buenas relaciones personales y sociales que le van a devolver, a su vez, el sentimiento de aceptación y de ser amado.

Por tanto, debemos ayudar al niño con síndrome de Down, desde pequeño, a descubrir sus recursos y posibilidades y también sus dificultades; las dos cosas en la misma medida. Ayudarle es permitirle que elija, que se frustre, que tenga obligaciones, y que resuelva sus problemas en la medida de sus posibilidades, exactamente igual que el resto de los niños, porque la sobreprotección le incapacita a veces más que la propia discapacidad.

El conocerse y aceptarse son factores clave cuando hablamos de la salud mental ¿Cuándo y cómo empezar a trabajar la aceptación de la discapacidad? ¿Cómo informar?

Entendemos por identidad el conjunto de rasgos corporales, mentales y psicológicos que se van desarrollando a lo largo de la vida y que configuran la personalidad. Preguntas como: ¿Quién soy? ¿Cómo me veo? ¿Cómo me describiría? ¿Qué opino de mí?.... Dan sentido a nuestra existencia.

La construcción de la identidad se inicia desde el mismo momento del nacimiento y se va estructurando poco a poco a lo largo de la vida. Un error común que cometemos es igualar a las personas por el síndrome ¿Cómo construye su identidad alguien definido desde un síndrome?

Es fundamental ayudar al niño con síndrome de Down a conocerse, a constatar los elementos comunes que tiene con los otros niños con síndrome de Down y los que tiene en común con los niños sin síndrome de Down (recordemos que son más las semejanzas que las diferencias).

De la misma manera, el adolescente con síndrome de Down percibe lo que hacen sus compañeros de clase, sus hermanos y desea hacer las mismas cosas. Pero muchas veces no tiene la fuerza necesaria para oponerse al instinto protector de los padres y puede quedar anclado en la infancia, no aceptarse o presentar problemas de conducta. Muchos chicos y chicas se enamoran de los monitores y también los adultos, de sus compañeros de trabajo. Esta negación de la discapacidad genera mucho sufrimiento. Y es que no es fácil vivir con una discapacidad que está inscrita en la cara

Las crisis de identidad en la adolescencia son frecuentes y pueden derivar en brotes psicóticos o en descompensaciones seguidas de pérdida de contacto con la realidad. Por eso es tan importante trabajar la identidad desde épocas muy tempranas.

Escrito de una adolescente, que, teniendo claro que tiene síndrome de Down, puede expresar lo que no le gusta de ella.

- No me gusta tener granos.
- nome gusta estar gorda de piernas.
- no me gusta tener el S.D..
- no me gusta estar triste.
- no me gusta que me cuesta hablar.
- no me gusta tener pieles en los dedos.
- no me gusta hacerme la tonta.
- no me gusta tener mocos.

Vamos a definir dos conceptos antes de describir los diferentes trastornos mentales que aparecen con más frecuencia en el síndrome de Down. Nos referimos a la discapacidad intelectual y al trastorno mental.

**La discapacidad intelectual**, según la nueva definición, se centra en tres criterios diagnósticos:

A. Deficiencias en las funciones intelectuales (confirmados mediante evaluación clínica y pruebas de inteligencia)
B. Deficiencias del comportamiento adaptativo (limitan el funcionamiento en las actividades de la vida diaria, la comunicación, la participación social, la vida independiente en el hogar, la escuela, el trabajo y la comunidad).
C. Inicio durante el período de desarrollo

Las novedades frente a la definición anterior basada en el cociente intelectual es que no se habla de retraso mental y que los diversos niveles de gravedad (leve, moderado, grave y profundo) se definen según el funcionamiento adaptativo.

**El trastorno mental** se refiere a la presencia de un comportamiento o de un grupo de síntomas que se acompaña de malestar o que interfiere en la actividad del sujeto. Las personas con síndrome de Down pueden presentar problemas psicológicos semejantes a los de la población sin discapacidad, con pequeñas diferencias relacionadas con la especificidad del síndrome, con el entorno social y con su afectación cognitiva y comunicativa.

Los datos de prevalencia son muy dispares, oscilando entre un 10 y un 50%. Algo muy importante a tener en cuenta es la manifestación clínica de los trastornos mentales en la población con síndrome de Down. Los trastornos mentales en este colectivo suelen presentarse en forma de alteraciones de conducta, de problemas físicos, de desorganización y/o de pérdida de habilidades. La gravedad y la afectación sobre el funcionamiento no es consecuencia de una causa única: existen factores biológicos, psicológicos y socio-culturales que interactúan entre sí y que determinan la adaptación psico-social del individuo.

Los desencadenantes de la enfermedad mental en el síndrome de Down son varios, pero destacamos: el estrés, la falta de oportunidades, la falta de respeto, los acontecimientos esperados pero estresantes, los inesperados, la pena, el sufrimiento y el duelo.

## 2. PRINCIPALES TRASTORNOS MENTALES RELACIONADOS CON EL SÍNDROME DE DOWN: COMPLEJIDAD DEL DIAGNÓSTICO DUAL Y DESCRIPCIÓN DE LOS PRINCIPALES TRASTORNOS (DIAGNÓSTICO, INTERVENCIÓN Y PRONÓSTICO)

El diagnostico de un trastorno mental en las personas con síndrome de Down, resulta complejo por diferentes razones:

- Grandes dificultades de comunicación.
- Fragilidad psíquica.
- Menor capacidad adaptativa.
- Dificultad para identificar síntomas...

En general, en las personas con síndrome de Down la presentación de la mayoría de los trastornos mentales es diferente a la de la población general. Por ejemplo, un trastorno de ansiedad puede manifestarse en forma de conducta autoagresiva o de hiperactividad. Los trastornos de adaptación a situaciones estresantes pueden mostrar igualmente síntomas más graves como la autolesión, alteraciones en el sueño o en la alimentación. Y, a la inversa: existen actitudes y síntomas que pueden parecer un trastorno y no serlo. Las estereotipias, por ejemplo, suelen aparecer en niños con rasgos psicóticos o autistas, pero, a veces, en los niños con síndrome de Down, aparecen como un sustituto del juego que, junto con los rituales (conductas que siguen un patrón rígido), podrían entenderse, desde un punto de vista psicológico, como una forma de afrontar la angustia, como un mecanismo menos evolucionado de adaptación y de mayor control que el juego.

En consecuencia, no debemos diagnosticar a través del síntoma exclusivamente, sino entender el significado de ese síntoma dentro del contexto general de la persona. Con esto queremos subrayar la importancia que adquiere el conocer al paciente en profundidad.

Asimismo, el psico-diagnóstico será más certero si se lleva a cabo de una manera *interdisciplinar*: En primer lugar, la exploración médica debe descartar cualquier causa orgánica que pueda influir en el estado emocional. Pero, además, en la valoración de un trastorno mental habrán de intervenir, según la clínica manifestada, el psicólogo, el psiquiatra, el neuropsicólogo, el neurólogo, etc.

**Las patologías mentales** más frecuentes en la población con síndrome de Down corresponden a:

A. Trastornos afectivos:
  - Depresión.
  - Pérdida de adquisiciones conseguidas y regresiones de difícil diagnóstico.

B. Trastornos psicóticos y esquizofrenia:
  - Trastorno del espectro autista.
  - Psicosis y esquizofrenia.

C. Trastornos de Ansiedad:
  - Trastorno de ansiedad generalizada.
  - Trastorno Obsesivo Compulsivo.
  - Lentitud obsesiva.

D. Trastornos del comportamiento:
  - Trastorno del sueño.
  - Trastorno de conducta.
  - Mutismo selectivo.

Si lo queremos clasificar por la etapa evolutiva en la que aparecen, vemos:

***En la infancia:***

- Trastorno del espectro autista –TEA–.
- Trastornos de conducta.

***En la adolescencia:***

- Brotes psicóticos y/ esquizofrenia.
- Trastornos de conducta.
- Regresiones.

***En la etapa adulta*:**

- Trastornos del estado de ánimo: depresión/duelos.
- Trastornos de ansiedad: TOC y enlentecimiento motor. Estrés.
- Demencia.

## 3. DESCRIPCIÓN DE LOS DIFERENTES TRASTORNOS MENTALES

***En la infancia***

- ***El trastorno del espectro autista*** se abordará en un capítulo aparte y de forma más extensa.
- ***Los trastornos de conducta:***
    - Trastorno de hiperactividad con déficit de atención (TDAH).
    - Trastorno de conducta desorganizadora –sin especificar (TCD-SE)–.
    - Trastorno del sueño.

*TDAH*

Es un trastorno que se sobrediagnostica, pues se habla de una prevalencia alta y desde nuestra experiencia, no nos queda claro que sea así. Antes de diagnosticar un TDAH se ha de comprobar si el niño tiene problemas de visión o de audición, si tiene apneas o problemas de sueño, si ocurre algo importante en su vida (nacimiento de un hermano, divorcio, duelos) si está tomando conciencia de su discapacidad, etc.

Se desconoce la causa y en su aparición pueden estar implicados diversos factores:

- genéticos,
- lesiones cerebrales,
- factores neuroquímicos y/o neurofisiológicos,
- factores psicosociales,
- factores emocionales (ansiedad, frustración, rechazo, incapacidad para contener por parte de los padres).

Los síntomas que aparecen:

- Dificultades para mantener la atención.
- Distracciones.
- Inquietud.
- Impulsividad.
- Imposibilidad de mantenerse sentado.

El tratamiento del TDA exige por lo general un doble abordaje: el conductual y el farmacológico. El tratamiento conductual es obligado, complejo y exigente. Ha de adaptarse a la sintomatología propia de cada persona y requiere la dirección y el apoyo del psicoterapeuta.

El apoyo psicológico a la familia es muy importante. Un hijo con TDAH produce mucho desgaste e impotencia y puede llegar a poner en situaciones límite a los miembros de la familia que necesitan, a su vez, ser contenidos y ayudados.

*T. Conducta Desorganizadora –Sin especificar–.*

- T. Oposición Desafiante.
- La tendencia a la descarga.
- Las agresiones.

Estas conductas no son ocasionales sino que son mantenidas y terminan por provocar algunos trastornos sociales, familiares o en la vida escolar, al menos durante un período de seis meses.

- Trastornos del sueño.

Las personas con Síndrome de Down pueden presentar problemas de sueño desde edades muy tempranas: resistencia para irse a la cama, tardanza en iniciar el sueño, interrupciones por despertares más o menos bruscos, intranquilidad y fragmentación del sueño, ronquidos de intensidad variable, pausas respiratorias de longitud variable (apneas e hipopneas) que pueden llegar a durar más de un minuto.

Los problemas del sueño pueden deberse a malos hábitos, a las dificultades de los padres para poner límites, a causas médicas, como las apneas, etc.

Las apneas son frecuentes en el síndrome de Down, y se dan tanto en niños como en adultos en porcentajes muy elevados. Pueden producir alteraciones de conducta, falta de atención, hiperactividad e, incluso, agresividad. Y esta sintomatología podría diagnosticarse y tratarse como si se tratase de un trastorno psicológico, sin serlo. Por este motivo, es preciso incorporar siempre la evaluación del sueño dentro de la historia clínica de cada paciente.

***En la adolescencia:***

- Brotes psicóticos y/ esquizofrenia.
- Trastornos de conducta.
- Regresiones graves en adultos jóvenes con Síndrome de Down.

*Brotes psicóticos y/ esquizofrenia.*

La esquizofrenia es una enfermedad poco común en personas con síndrome de Down. Más común en otras discapacidades intelectuales. La psicosis es un trastorno psiquiátrico en el que el individuo desarrolla ideas delirantes o alucinaciones, hasta el punto interferir la capacidad para funcionar con normalidad en la vida ordinaria.

En la esquizofrenia se producen deterioros cognitivos, menos intensos que en la demencia y de aparición más temprana, aunque puede resultar difícil diferenciarlas en un inicio.

En personas con discapacidad intelectual leve encontramos a veces ideas delirantes sistematizadas y conductas y manifestaciones psicóticas.

En la adolescencia y primera juventud hemos atendido descompensaciones psicóticas que, por su clínica, podrían confundirse con cuadros degenerativos. Es frecuente que las personas con síndrome de Down realicen soliloquios y tengan amigos imaginarios y fantasías, pero estas condiciones no son en sí mismas patológicas; incluso en ocasiones constituyen un fuerte apoyo en su normal funcionamiento y control de situaciones.

*Trastornos de conducta.*

- Trastorno de oposición desafiante (TOD).
- Trastorno de conducta desorganizadora.
- Mutismo selectivo.

*T. de oposición desafiante.*

En función de la edad del desarrollo, conductas de oposición periódicas o en ciertas situaciones, desafío y no cumplimiento de lo que se le ordena, constantes argumentos o rabietas.

Estas conductas no son ocasionales sino que son mantenidas y terminan por provocar algunos trastornos sociales, familiares o en la vida escolar, al menos durante un período de seis meses.

*T. de Conducta desorganizadora.*

La prevalencia de este trastorno en el síndrome de Down es del 8-12%, (frente al 3-4% de la población general.

Los factores que predisponen:

- Exigencias poco realistas basadas en las expectativas del desarrollo.
- Ansiedad recurrente, frustración.
- Órdenes inmediatas que exigen interrumpir una actividad preferida.
- Desajuste temperamental entre los padres y el niño.
- Descontrol de los impulsos.
- Un estilo cognitivo rígido e inflexible.
- Una conducta aprendida para llamar la atención social o para escaparse.

*Mutismo selectivo.*

Es un trastorno grave de la conducta que se caracteriza por una selectividad, de origen emocional, en el modo de hablar, de tal forma que, en algunas circunstancias, aparece lenguaje y en otras, definidas y previsibles, no. El lenguaje se presenta, evita o inhibe de manera persistente en situaciones sociales que inicialmente son específicas y que progresivamente pueden irse generalizando hasta terminar en el mutismo total, es decir, en la evitación o inhibición del habla ante cualquier persona y en cualquier situación.

Se acompaña de ansiedad social, retraimiento, negativismo y comportamiento oposicionista. La psicoterapia individual y el apoyo a los padres ha dado buenos resultados.

Para el tratamiento de los trastornos de conducta es necesaria la intervención de varios profesionales que trabajen coordinados. El modelo de intervención ha de estar centrado en la persona y diseñado por los profesionales y las personas que van a intervenir en él.

La conducta problemática afecta a la familia y a los profesionales y no puede ir cada uno por su lado aplicando fórmulas de manera aleatoria.

El médico y el psicólogo atienden al paciente de manera periódica, pero son el educador y la familia quienes mantienen un contacto directo con el paciente, contacto que genera múltiples emociones y mucho desgaste. Por tanto, se deben establecer criterios de actuación comunes y trabajar en equipo para abordar este tipo de trastornos.

*Regresiones graves en adultos jóvenes con Síndrome de Down.*

En algunos jóvenes con síndrome de Down se ha observado un deterioro en sus funciones cognitivas y en sus capacidades adaptativas similar al observado en personas que padecen la enfermedad de Alzheimer, aunque en edades muy tempranas. Se sabe muy poco sobre la etiología de estos cambios. En todos los casos, la pérdida de capacidades se acompañaba de síntomas de ansiedad y depresión. Se trata de un trastorno muy grave que aparece en jóvenes con síndrome de Down que, previamente, han tenido un desarrollo muy favorable y que, tras un acontecimiento determinado aparece la siguiente sintomatología:

- Pérdida de habilidades (memoria, lenguaje, velocidad, atención).
- Deterioro funcional.
- Cambios conductuales: Tristeza, aislamiento, fatiga y comportamientos agresivos.

Los factores de riesgo son:

- Menarquía.
- Fases de transición.
- Acontecimientos vitales.
- Exposición a anestesia.
- Enfermedad de Alzheimer de inicio precoz.
- Ruptura de la identidad de uno mismo.

Es un trastorno de reciente investigación cuyo pronóstico no es muy favorable.

En la edad adulta:

- Trastorno depresivo.
- Trastorno obsesivo-compulsivo (trastorno de ansiedad).
- Enlentecimiento motor. Estrés.

*Trastorno depresivo.*

En los 15 últimos años ha habido un aumento considerable de diagnósticos de depresión en la población con síndrome de Down. En la discapacidad intelectual, los trastornos afectivos, depresión incluida, aparecen frecuentemente asociados a la discapacidad y pueden pasar desapercibidos y no recibir tratamiento, ni ser diagnosticados. De ahí la necesidad de extremar la evaluación de los síntomas.

El estrés es factor patogenético decisivo en la instauración de los cuadros marcados por la depresión y la ansiedad.

Las personas con síndrome de Down suelen desarrollar trastornos depresivos como reacción a las pérdidas: la muerte de un familiar, cambios del compañero de habitación, ausencia de un cuidador, marcha de casa de un hermano, pérdida de un objeto importante o querido...

Podemos encontrar otros desencadenantes de la depresión en los problemas médicos: el dolor persistente y crónico; la apnea del sueño, por la fatiga y la deprivación de oxígeno; el hipotiroidismo, acompañado de letargia y de falta de interés por las cosas; la celiaquía y otros problemas del aparato digestivo que producen molestias y sensación de mala salud; y los problemas de visión, y de audición, que aíslan y generan muchas dificultades para el paciente.

*La sintomatología* de depresión en personas con síndrome de Down se presenta diferente a la del resto de la población: pérdida de habilidades y de memoria, enlentecimiento de la actividad, poca motivación, pérdida de atención, cambios en el apetito o en el ritmo de sueño, alteración de las capacidades cognitivas, tendencia a la desconexión y al aislamiento, soliloquios e ideas delirantes (rasgos psicóticos), labilidad afectiva, pasividad y también llanto.

*El pronóstico*, a corto plazo, de las depresiones en adultos no es muy favorable, pero posiblemente sea mejor cuanto más joven sea el paciente y cuanto antes se diagnostique y se trate.

Es importante detectar si existe ideación suicida pues, aunque no es frecuente, se han detectado en algunas ocasiones conductas suicidas en algunos pacientes con capacidad para reconocer sus sentimientos y hablar de ellos.

*El tratamiento* de la depresión se basa en estas cuatro estrategias:

1. La identificación de los posibles factores estresantes que puedan ser responsables para tratar de evitarlos o de suprimirlos.
2. La medicación.
3 La intervención psicológica: asesoramiento, apoyo psicológico y psicoterapia.
4. La promoción de actividades recreativas y ejercicio físico.

*Trastorno obsesivo-compulsivo (TOC).*

El TOC está ubicado dentro de los trastornos de ansiedad (DSM-IV TR) y se caracteriza por la presencia de obsesiones y compulsiones.

En el Síndrome de Down las estimaciones de prevalencia para el Trastorno Obsesivo Compulsivo varían de 0,8% (Myers y Pueschel, 1991) a 4,5% (Prasher, 1995).

Las personas con síndrome de Down son muy precisas en sus rutinas diarias. Los hábitos facilitan la vida, pero también pueden volverse problemáticos: el orden rígido y exagerado, el almacenamiento de objetos inútiles, un ritmo exageradamente lento, la imitación y repetición de conductas desadaptadas...

Si un hábito se exagera, se cronifica e interfiere en la vida diaria, estamos ante un problema que hay que diagnosticar, porque puede ajustarse a criterios de TOC.

En personas con discapacidad media y ligera, el TOC se manifiesta por la presencia de un comportamiento repetitivo (conductas compulsivas) que interfiere en la vida diaria. Raramente presentan obsesiones que requieran conceptos abstractos (lavarse las manos para matar gérmenes nocivos).

Si la compulsión por realizar un acto determinado es tan fuerte que surge ansiedad o agitación en la persona a la que se le interrumpe o prohíbe realizarlo, se cumplen los criterios de TOC.

El único criterio verdaderamente válido para diagnosticar un TOC en personas con síndrome de Down es la interferencia de las compulsiones o de las obsesiones en la vida cotidiana.

*Lentitud obsesiva –L.O.–.*

El cuadro denominado lentitud obsesiva fue descrito por primera vez por el Profesor Stanley Jack Rachman en el año 1974.

La L.O. se caracteriza por la tremenda lentitud con la que se realizan las rutinas diarias tales como bañarse, vestirse, caminar y comer. Disminuye el deseo de comunicarse y se baja, exageradamente el tono de voz, de manera que cuesta oír al paciente.

La lentitud obsesiva es una forma aparente de TOC que parece ser más frecuente en el síndrome de Down.

*El tratamiento* debe aplicarse generalmente a aquellos que interactúan con la persona con síndrome de Down para que puedan aceptar que hay una necesidad de que la persona se mueva más lentamente. Entender que probablemente no volverán a ir a la velocidad anterior. Y calmar las expectativas. Porque insistir para aumentar la velocidad puede ser contraproducente y causar más estrés, angustia y mayor lentitud.

## 4. TRATAMIENTO PSICOTERAPÉUTICO

Las personas con síndrome de Down, como hemos visto, padecen trastornos emocionales que son susceptibles de tratamiento y de mejoría. Pero también es cierto que el concepto de discapacidad está cargado de connotaciones negativas (incapacidad, deficiencia, patología mental) y de prejuicios que dificultan el acercamiento a la persona y la comprensión de sus sentimientos y deseos; y este desconocimiento puede llevar a falsos diagnósticos y a tratamientos desacertados y, por consiguiente, a no proporcionar la ayuda adecuada.

Tras la valoración diagnóstica, y según la patología detectada, se debe elaborar el plan terapéutico para el tratamiento más adecuado, que va desde la psicoterapia individual (breve o prolongada), al seguimiento del caso, pasando por el asesoramiento, apoyo o rehabilitación a nivel individual o grupal según las necesidades. Un apoyo que, en este caso, incluye de manera decisiva el que se ha de prestar a las personas que atienden al individuo. También se prescribe el tratamiento farmacológico en el caso de que sea estrictamente necesario.

Sigue existiendo aún una cierta desconfianza hacia las psicoterapias. El hecho de que las personas con síndrome de Down presenten dificultades de expresión (a veces cuesta mucho entender el lenguaje), fallas en la capacidad simbólica y dificultad para construir pensamientos parece que imposibilita el abordaje psicoterapéutico. En bastantes ocasiones esto es así; pero en otros, la persona con síndrome de Down es capaz, siempre que perciba que se le escucha y que se le quiere entender, de expresar sus conflictos y sus preocupaciones y, de esta manera, solicitar y colaborar en el trabajo terapéutico con buenos resultados.

## 5. SÍNDROME DE DOWN Y TRASTORNO DEL ESPECTRO AUTISTA (TEA)

En la etapa infantil el desarrollo del niño con Síndrome de Down requiere un seguimiento continuado y a la vez supervisado por especialistas ya que la manifestación clínica de los trastornos mentales en esta etapa puede quedar enmascarados por el propio síndrome y el retraso madurativo que conlleva.

A pesar de que ya no resulta extraño aceptar la asociación de autismo y Síndrome de Down los estudios de prevalencia realizados los últimos 30 años son todavía escasos y sobretodo de gran disparidad. La utilización de muestras reducidas y los diferentes procedimientos utilizados para el diagnóstico nos aportan datos con diferentes índices de autismo en los niños con Síndrome de Down:

| **AÑO** | **AUTOR** | **PREVALENCIA** |
|---|---|---|
| 1986 | Gillberg | 25% (estudio de 20 casos SD) |
| 1988 | J. Lund | 11% |
| 1992 | Ghaziuddin | 10% |
| 1992 | R A Collacott | 2,2% (estudio de trastornos psiquiátricos y no TEA en 371 casos SD) |
| 1999 | G. Capone | 5-7% *(en Disabilty Solutions* vol 3, nº5 y 6) |
| 1999 | L. Kent | 7% |
| 2005 | G. Capone | 12,5% |
| 2013 | J. Moss –C. Richards | En un estudio de 108 casos SD:<br>19% SD/TEA<br>8% SD/Autismo |
| 2014 | G. Warner-P. Howlin | Estudio en Inglaterra y Gales de 500 casos (6-15 años ) SD :<br>37,72% SD/TEA<br>16,5% SD/Autismo |
| 2015 | National Down Syndrome Congress | 16-19% SD/TEA<br>8-9% SD/Autismo |

Como podemos apreciar en esta tabla-resúmen de algunos de los estudios más relevantes hay una gran disparidad en los resultados obtenidos. Esta variación se debe en parte a la dificultad de detectar y diagnosticar el TEA comórbido en individuos con un síndrome que lleva consigo su propio conjunto de dificultades comunicativas y de comportamiento que no están bien documentadas.

Frente a estos datos es necesario:

- Encontrar procedimientos de diagnóstico más fiables de autismo en niños con síndrome de Down.

- Explorar en mayor profundidad el perfil atípico de síntomas en niños que tienen síndrome de Down y TEA para conseguir intervenciones educacionales y de desarrollo más eficaces.
- Lograr una mejor comprensión del progreso de niños con síndrome de Down y autismo a lo largo del tiempo.

## 6. EL TRASTORNO DE ESPECTRO AUTISTA (TEA)

La palabra autismo procede del griego AUTO ("que actúa sobre sí mismo") ISMO ("proceso patológico").

Es un trastorno del neurodesarrollo y su expresión varía con la edad del niño y su nivel de desarrollo. Se caracteriza por:

- La alteración de la comunicación.
- La alteración de la interacción social.
- El comportamiento restringido y repetitivo.

El autismo es un trastorno de por vida y puede coexistir con condiciones tales como la discapacidad intelectual.

El autismo infantil fue descrito por primera vez en 1943 por Leo Kanner a pesar de que en 1912 el psiquiatra suizo Eugene Bleuler ya utilizó esta palabra por primera vez en un artículo que publicó en el *American Journal of Insanity* . Pero es Leo Kanner quién en 1943 realiza la clasificación médica de *autismo infantil temprano* a partir del estudio de un grupo de 11 niños. Al mismo tiempo, en Austria, el científico Hans Asperger utiliza el término *psicopatía autista* para describir unos niños que presentaban características similares a los descritos por L. Kanner. El trabajo de Asperger no fue reconocido hasta 1981 por medio de Lorna Wing principalmente porque su trabajo había sido escrito en alemán. Las interpretaciones del comportamiento de los grupos observados por Kanner y Asperger fueron distintas, sobretodo en lo que se referiere a la presencia de lenguaje. En el grupo de niños observado por Kanner algunos no hablaban y los demás no utilizaban las capacidades lingüísticas que poseían. Observó un comportamiento autoestimulatorio y movimientos extraños. En cambio Asperger más bien observó intereses intensos e inusuales, rutinas repetidas y apego a ciertos objetos pero en el grupo de niños todos hablaban pero lo hacían acerca de sus intereses, lo que le llevó a formular el término de *Síndrome de Asperger*, lo que lo diferenciaba del término *autismo* de Kanner.

Lorna Wing se involucró en el estudio del autismo introduciendo el concepto de ***espectro autista*** a partir del estudio que realizo en 1979 con Judith Gould. Esta psiquatra inglesa definió el autismo como un continuo más que como una categoría diagnóstica. Observó que las personas con esta patología podían tener diferentes grados de afectación y describió un continum entre el autismo de Kanner y el síndrome de Asperger. En el ***espectro autista*** se reconoce el conjunto de síntomas que se pueden asociar a distintos trastornos y niveles intelectuales. Desarrolló así **la tríada de Wing**:

- Trastorno de la reciprocidad social.
- Trastorno de la comunicación verbal y no verbal.
- Ausencia de capacidad simbólica y conducta imaginativa.

Más adelante introduce una 4ª dimensión:

- Repertorio restringido de intereses y comportamientos.

En 2011 Lorna Wing define las siguientes dificultades que aparecen en el trastorno del espectro autista:

- Trastornos cualitativos de la relación social.
- Trastornos de las funciones comunicativas.
- Trastornos del lenguaje.
- Trastornos y limitaciones de la imaginación.

- Trastornos de la flexibilidad.
- Trastornos del sentido de la actividad.

La concepción del autismo ha cambiado significativamente en el transcurso de los últimos años gracias al avance en su investigación. La última versión de la clasificación internacional de trastornos mentales más importantes, el **Diagnostic and Statistical Manual of Mental Disorders (DSM-V)**, editado por la Asociación Estadounidense de Psiquiatría en Mayo 2013, reconoce estos progresos e incluye el autismo dentro de los trastornos del neurodesarrollo, alejándose de la antigua conceptualización de Trastorno Generalizado del Desarrollo (TGD). En cambio, la otra clasificación internacional de los trastornos mentales, el **International Statistical Classification of Diseases and Related Health Problems (ICD-10)**, publicado por la Organización Mundial de la Salud, mantiene la antigua clasificación. Los trastornos del neurodesarrollo son un grupo de trastornos que tienen su origen en el periodo de gestación. Se caracterizan por deficiencias en el desarrollo que producen limitaciones en áreas específicas o limitaciones globales a nivel personal, social, académico, laboral, etc.

Actualmente los sujetos afectados de TEA se sitúan en un continuo referido a las áreas "socio-comunicativa" y de "'intereses fijos y conductas repetitivas'' en lugar de etiquetarlos con su correspondiente 'trastorno específico'. Así pues ya no consideramos que un sujeto está afecto de autismo o que sufre el síndrome de Asperger, consideramos que esa persona tiene un TEA y que está en un punto determinado de un continuo referido a las dos áreas citadas anteriormente.

Además, el autismo pasa a denominarse Trastornos del Espectro Autista (TEA), ya que reconoce la sintomatología autista común a todos los individuos en un amplio abanico de fenotipos.

## 7. ¿CÓMO DIFERENCIARLO DE LA DISCAPACIDAD INTELECTUAL?

La identificación de los rasgos que definen el diagnóstico de TEA debe diferenciarse de las siguientes características que presentan las personas con discapacidad intelectual y que hacen referencia a sus habilidades comunicativas y sociales, así como a sus comportamientos:

- La relación interpersonal no está afectada pues muestran deseo de comunicarse con los otros a pesar de que pueden tener dificultades en su lenguaje expresivo.
- A pesar de tener un pensamiento muy concreto tienen ganas de compartirlo con los otros.
- Participan o quieren participar en el juego con los otros.
- Cuando las rutinas se modifican no se desorganizan por completo.

## 8. COMPRENSIÓN DEL TRASTORNO Y EL FUNCIONAMIENTO MENTAL DEL NIÑO TEA

Nos parece importante para la comprensión de este trastorno saber por qué se comporta como lo hace la persona con TEA, ponernos en su piel, cómo siente, cómo piensa. Se trata de comprender qué tipo de funcionamiento mental hay detrás de las conductas observables ya que entender por qué aparece una conducta siempre facilita poder tolerarla mejor y a su vez nos da herramientas para pensar cómo gestionarla y planificar nuestra intervención.

En general las personas con TEA se caracterizan por presentar:

- Dificultades para crear una identidad propia y diferenciada de los demás.
- Problemas de relación, comunicación y flexibilidad mental.

- Patrones de comportamiento, intereses y actividades restringidas, repetitivas y estereotipadas.
- Rutinas inflexibles y rituales específicos acompañados de una falta de juego espontáneo, variado e imitativo.
- Cuando existe el lenguaje este suele manifestarse de manera alterada y en los casos más graves incluso podemos observar ausencia de intencón comunicativa.
- Hipersensibilidad.
- Baja frustración y resistencia a los cambios, intolerancia a lo desconocido o nuevo.
- Acciones que externalizan su estado mental: ansiedades.

## 9. VIGILANCIA Y SEGUIMIENTO DEL DESARROLLO EN EL NIÑO CON SÍNDROME DE DOWN: SEÑALES DE ALERTA PARA LA DETECCIÓN DEL TEA EN LA ETAPA INFANTIL

El desarrollo y la conducta del niño con Síndrome de Down deben ser contemplados y supervisados por profesionales y familiares por si se aprecian algunos elementos o rasgos que nos pudieran hacer sospechar de un TEA.

A pesar de que cada niño, tenga Síndrome de Down o no, se desarrolla siguiendo su propio ritmo, disponemos de unos márgenes o intervalos de edades que sirven de referencia para el seguimiento del desarrollo.

Desgraciadamente aumenta el número de niños que muestran rasgos autistas tanto en la población normal como en la población con Síndrome de Down por lo que es necesario disponer de estudios que nos permitan encontrar y detectar aquellos signos de alarma de rasgos TEA en el Síndrome de Down sobre todo durante los primeros 6 años. Existen casos en que las señales de alarma a veces pueden ser muy claras pero no siempre es así y en el caso de los niños con Síndrome de

Down todavía queda mucho por investigar pues los síntomas no siempre aparecen de una sola forma o manera. Por este motivo es muy importante la detección y por tanto la intervención precoz ya que está ligada a la evolución clínica.

A partir de los trabajos de la Dra S. Acquarone, psicóloga de la *Parent Infant Clinic de Londres,* sería recomendable identificar las diferentes señales (positivas, ruidosas, silenciosas) a través de las cuales el bebé muestra su conducta y regula sus emociones. Es a través de estas conductas y de su expresión emocional como el bebé promueve el vínculo con sus cuidadores, haciendo de ellos los mejores "radares" de salud mental del niño.

| | **POSITIVAS** | **RUIDOSAS** | **SILENCIOSAS** |
|---|---|---|---|
| **INSTINTO ORAL (alimentación)** | - Succión<br>- Comer bien | - No comer | - Ajuste corporal durante la alimentación<br>- Mirar a otro lado<br>- No preferencia por el cuidador que le alimenta |
| **INSTINTO VISUAL** | - Contacto ocular | - Que no mire o que mire hacia otra dirección | - Mirada vacía |
| **INSTINTO RELACIONAL** | - Llorar<br>- Levantar brazos | - Tirarse hacia atrás | - No reclamar |
| **POSTURA** | - Que se acople<br>- Respuesta anticipatoria | - Tirarse hacia atrás | - Hipotonía |
| **SUEÑO** | - Que duerma | - Llorar durante la noche | - Hipersomía |

La detección más específica de señales precoces específicos de TEA en el niño con Síndrome de Down debe tener en cuenta las características de su desarrollo específico. A partir de nuestra práctica clínica hemos ido conveniendo que es importante estar alerta a las siguientes observaciones que se presentan a continuación según las franjas de edad en especial entre los 0-3 años:

*A los 6 meses de edad:*

- Ausencia de sonrisa social en los intercambios con el cuidador.
- Escaso contacto visual o desviación de la mirada.
- Ausencia de respuesta al estímulo sonoro y dificultad para dirigirse a la fuente sonora.
- Dificultad para regularse emocionalmente: exceso de irritabilidad o pasividad extrema.
- Alteraciones graves en los hábitos básicos de cuidado, alimentación y sueño.
- Presencia de movimientos rítmicos en la cuna o movimientos extraños de la lengua dentro de la boca.

*A los 9 meses de edad:*

- Presta más atención a los objetos que a las personas
- Respuesta lábil y pobre expresividad afectiva en los intercambios con el cuidador.
- Presencia de movimientos repetitivos con las manos ante los ojos.
- Movimientos repetidos de arrugar la cara o hacer muecas.
- Ausencia de llamada (no reclamar cuando se despierta, no llorar cuando tiene hambre o está sucio).

*A los 12 meses de edad:*

- Ausencia de vocalizaciones.
- Dificultad para diferenciar lo que le gusta de lo que no.

- Fijación particular por algún objeto luminoso.
- No establecer contacto visual cuando se le habla.
- Excitación constante.
- Ausencia de intercambios relacionales con el cuidador (sonidos, sonrisa...).
- Ausencia respuesta al sonido versus hipersensibilidad.

*A los 18 meses de edad:*

- No seguir con la mirada cuando el cuidador le señala algún juguete (inicio atención conjunta).
- No reaccionar a los gestos sociales.
- Pobre expresión facial.

*A los 24 meses de edad:*

- No mostrar interés por el otro.
- No compartir el interés por un objeto o actividad (atención compartida).
- No responder de forma consistente a su nombre cuando se le llama.
- No imitar movimientos o gestos.
- No hacer sílabas no propositivas.
- Dificultades para mostrar y hacer demandas.

*A los 36 meses de edad:*

- No buscar el objeto que desaparece.
- Signos de autoagresividad.
- Uso de la instrumentalización del otro para pedir.
- Movimientos repetitivos con alguna parte del cuerpo (estereotipias) o de las manos (manierismos).
- Ausencia de sílabas o palabras propositivas.
- No señalar objetos.
- No establecer contacto visual alternativamente entre el objeto y el cuidador (atención conjunta).
- Interés excesivo por alguna de las características físicas de los objetos.

- Juegos o actividades que llaman la atención porque son muy repetitivos y fijación inusual por determinados juguetes u objetos que hacen girar.

Si bien el profesional de la salud mental infantil debe estar familiarizado con las señales de alerta presentadas anteriormente, también puede completar la información a partir de algunos instrumentos de observación y screening que pueden ayudar a la detección de rasgos TEA a pesar de que no están baremados en la población con síndrome de Down.

A nivel de screnning disponemos del cuestionario para el autismo en niños pequeños entre 18 y 24 meses, el M-CHAT *Modified Checklist for Autism* (Robins et al. 2001), que a pesar de no estar baremado en la población con síndrome de Down, pensamos que puede tener un cierto valor predictivo y también puede ayudar al proceso de toma de conciencia de los padres en relación a la sintomatología que presenta su hijo.

Dra S. Acquarone, psicóloga de la *Parent Infant Clinic de Londres* de la que ya hemos hablado anteriormente, nos sugiere también realizar las siguientes observaciones durante la exploración del niño:

*OBSERVACIONES DE LA CALIDAD DE LAS INTERACCIONES (de Stella Acquarone de la Parent Infant Clinic de Londres).*

| | |
|---|---|
| *MIRADA* | *Contacto ocular durante la relación y el mantenimiento de la relación* |
| *BALBUCEO-PALABRAS* | *Producción de sonidos vocálicos para comunicarse o para ser percibido en la relación con el otro* |
| *RECLAMAR* | *Expresiones faciales*<br>*Provocar sonidos o gestos para recibir una respuesta afectuosa del interlocutor* |
| *IMITACIÓN* | *De algún gesto o sonido* |
| *INCITAR* | *Buscar la relación para hacer alguna cosa con él* |

| | |
|---|---|
| *SEÑALAR* | *Señalar un objeto o persona de interés* |
| *ALIMENTACIÓN* | *Actitud y conducta del niño durante la alimentación* |
| *JUEGO* | *Capacidad para jugar durante un tiempo y para compartirlo con otra persona*<br>*Juego funcional, simbólico* |
| *COMPORTAMIENTOS REACTIVOS* | *Tolerancia a la frustración*<br>*Aceptar el afecto emocional*<br>*Regulación emocional después de una situación estresante*<br>*Adaptación a los cambios* |
| *CONTACTO SENSORIAL* | *Contacto de piel y de otros materiales (pintura, barro...)* |
| *RESPUESTA* | *A los sonidos, a su nombre, a los olores, a la luz...* |
| *ATENCIÓN CONJUNTA* | *Dirigir la mirada en la misma dirección en que mira la otra persona*<br>*Alterna la mirada entre un objeto y el adulto* |
| *HOLDING* | *Postura del bebé cuando está en brazos*<br>*Movimientos estereotipados*<br>*Uso del cuerpo* |
| *EXPRESIVIDAD* | *Expresión facial o del cuerpo de los estados emocionales* |
| *CONSUELO* | *Capacidad del niño de calmarse (cómo se calma)* |
| *DESARROLLO DE LA AUTONOMIA* | *Autocura, higiene...* |
| *RELACIÓN* | *Conductas que indican la capacidad del niño de relacionarse y aceptar afecto* |

## 10. DIAGNÓSTICO DEL TEA EN EL NIÑO CON SÍNDROME DE DOWN

El diagnóstico de TEA en el niño con Síndrome de Down una vez ha sido detectado debe realizarse por un equipo multidisciplinario que incluya además del psicólogo, el neuropediatra, el pediatra y el trabajador social.

En una evaluación diagnóstica completa se debe incluir:

- Una evaluación médica y neurológica.
- Una evaluación psicológica que incluya la evaluación del desarrollo y pruebas específicas para autismo.

Respecto a las pruebas específicas de autismo pensamos que los instrumentos clínicos diagnósticos que actualmente se están utilizando para el diagnóstico del TEA (ADOS2 y ADI-R) en la población normal nos pueden ser de utilidad a pesar de no estar baremados en la población con Síndrome de Down.

## 11. ESTRATEGIAS PARA ABORDAR EL TRATAMIENTO DEL NIÑO CON SÍNDROME DE DOWN Y TEA

Como ya hemos indicado anteriormente es muy importante la detección y el diagnóstico precoz para poder iniciar cuanto antes la intervención pues estará muy ligada a la evolución clínica.

Aconsejamos que la intervención:

- Se inicie lo más temprano posible cuando ya existe una sospecha. Consideramos que sólo el acto de consultar al especialista ya es en sí mismo una intervención.
- Debe ser compartida y coordinada con la família y en el caso que el niño esté escolarizado, con el centro escolar.
- Debe contar con un equipo multidisciplinar.

El tratamiento del niño con Síndrome de Down y TEA ha de ser una intervención integral que incluya:

## *1. Intervención directa*

Tratamiento a niños y jóvenes de forma individual y/o grupal[1].

## *2. Soporte a la família*

Información, orientación, asesoramiento y soporte emocional.

## *3. Asesoramiento*

A los centros escolares, otros CDIAT, pediatras y otras entidades.

La **intervención directa individual** sitúa el foco de atención principalmente en las alteraciones en la comunicación y el lenguaje así como en la interacción social.

Por tanto es importante conocer el desarrollo comunicativo para poder hacer una intervención adecuada.

Sabemos que las primeras formas de comunicación que establecen los adultos con los bebés ya son en sí mismo unas primeras interacciones. Desde un inicio el adulto se relaciona con el recién nacido estableciendo un diálogo en el que la mirada, el gesto, la sonrisa, las vocalizaciones se utilizan como señales comunicativas. Si la respuesta que da el adulto a estas señales del bebé es contingente permitirá que el bebé progrese en estas señales comunicativas.

[1] Hace ya más de 6 años que en la FCSD se inició esta intervención específica.

Teniendo en cuenta la relevancia que tienen las primeras formas de comunicación, ¿cómo podemos intervenir para favorecer el desarrollo relacional y de la comunicación en la atención del niño con Síndrome de Down y TEA?

Para llevar a cabo nuestra intervención es de especial importancia trabajar los siguientes objetivos:

- Favorecer el desarrollo de las habilidades propias de la comunicación temprana: atención, intencionalidad, atención conjunta, gesto indicativo, referencia social.
- Potenciar el desarrollo emocional.

En relación a las habilidades comunicativas nos parece importante destacar la que hace referencia a la **atención conjunta**. Esta habilidad, que en la población general se desarrolla entre los 6 meses y el año, consiste en compartir atención con otra persona mientras ambos están prestando atención al mismo objeto o realizando una actividad. Para desarrollar esta habilidad el niño previamente debe ser capaz de atender y mantener la atención (sobre la persona y sobre el objeto que comparten).

Para que los niños sean capaces de mostrar patrones de atención conjunta se requiere que sean capaces de:

- Seguir la mirada de los adultos hacia el objeto al que se refiere.
- Saber modificar el focus de atención de lo adultos hacia otro objeto o suceso interesante para ellos.
- Han de saber respetar los turnos de palabra a la hora de comunicarse con los adultos.
- Han de empezar a entender que las acciones de los otros llevan asociadas unas intenciones que ellos pueden interpretar e incluso predecir si la situación en la que se encuentran es conocida.

La atención conjunta es una condición necesaria para establecer relaciones comunicativas y se inicia cuando los niños son capaces de integrar dos maneras de actuar que antes vivían por separado: la interacción social con los otros y la acción que dirigían hacia los objetos o sucesos.

Tenemos que distinguir 2 aspectos de la atención conjunta:

1. La respuesta del niño hacia las actividades o situaciones de juego de otras personas (cómo se implica).
2. La iniciativa del niño por compartir con el otro la actividad que realiza (mostrar un dibujo, explicar algo que acaba de hacer...

Algunas estrategias para favorecerla pueden ser:

- Señalar.
- Crear sorpresas o situaciones en las que ocurra algo inesperado.
- Esconder juguetes.
- Realizar alguna actividad o tener algún objeto con el que captar el interés del niño.
- Que el niño te incluya en su actividad. Una buena estrategia es que el terapeuta tenga una parte del juego o el niño necesite alguna pieza que no está a su alcance.

En relación al desarrollo emocional nos parece importante detenernos en las conductas desadaptadas o disruptivas pues son un mecanismo muy primario de regulación emocional ya que permiten que el niño se mantenga en un estado de no concienciación y evitar así sentir el malestar.

Todas estas conductas tienen como motivo básico:

- La necesidad que tiene el niño de mantener un entorno invariable y sin cambios.
- Vivir en un estado de indiferenciación con el mundo que los rodea.

Según el nivel de afectación que tenga el niño observaremos conductas desadaptadas del tipo:

- Estereotipias.

- Objetos autistas.
- Acciones repetidas y rituales.
- Intereses restringidos.
- Rabietas.
- Autoagresión-heteroagresión.
- Provocaciones.
- Hipersensibilidad.

Cuando aparecen recomendamos:

- Comprender el porqué de las conductas desadaptadas
- Intentar detectar en que momento aparecen para poder entender la finalidad que tienen ya que tienen una valor comunicativo y una carga emocional.
- Tratar de dar una salida más adaptada a la conducta.
- En el caso de las rabietas en la medida de lo posible detectar las causas antes de que se produzcan para podernos anticipar, frenarlas y explicarles lo que está a punto de suceder. Si se llega a la rabieta la palabra suele generar más malestar y a veces se ayuda más desde el silencio y arropándolos físicamente. Una vez haya pasado entonces si que podemos verbalizar lo que ha sucedido.
- Intentar detectar cuando la emoción se va a desbordar para poder ayudar a calmarla (a través de la palabra o de protegerlo de la situación). Es muy importante mantener unos límites claros porque esto les dará seguridad. A veces incluso es más recomendable pocos límites pero que sean coherentes y se cumplan.

La **intervención directa grupal** con los niños y jóvenes se basa en el conocimiento que tenemos sobre el funcionamento mental y conductual del niño con TEA. Sabemos que lo que en primer lugar caracteriza a estos niños es el **mundo de las sensaciones** y que por lo tanto viven envueltos en mayor o menor grado de sensaciones que no estan conectadas ni significadas. Esto dificulta la comunicación y la interacción con el entorno y en consecuencia el acceso al mundo simbólico y del pensamiento.

En su actividad las sensaciones lo impregnan todo: en su propio cuerpo (ponerse objetos y materiales en la boca, escupir, mover obetos frente a los ojos, tocar sus heces...) y en los objetos de su entorno (esparcen su saliba en los objetos...).

Así pues, nuestro punto de partida es la sensorialidad y tratamos de llevarlos a la comunicación y a la simbolización. Debemos ayudar a que los niños conecten las sensaciones que experimentan en su relación con los objetos y las personas con la palabra y la emoción, y esta es la base del tratamiento, que sigue el esquema psicopedagógico descrito por la Dra Julia Corominas en 1998.

El trabajo con estos niños partirá de su mundo, de sus sensaciones, utilizando sus maniobras sensoriales para conectar con ellos. El proceso de mentalización, de acceso al símbolo, tendrá lugar cuando mediante las conexiones de las sensaciones con las causas que las originan y las emociones que se despiertan en este proceso se van haciendo conscientes.

La función del terapeuta será:

- Facilitar este proceso por medio de la verbalización de lo que hacen o sienten conectando la sensación a la acción y posteriormente a la emoción.
- Potenciar la relación y el vínculo a través del placer compartido.

Para favorecer este proceso el terapeuta interviene:

- Verbalizando lo que el niño está haciendo, o le están haciendo a él, por muy evidente y banal que parezca y por muy bajo que sea su nivel de comprensión del lenguaje. Cuando hablamos de verbalización nos referimos a la acción y efecto de poner palabras a lo que el niño hace o deja de hacer en un momento determinado, poner palabras a aquello que está sucediendo y a sus sentimientos. Sería como poner lenguaje, describir lo que vemos.

- Sugiriendo al niño la sensación de que "siente o debería sentir", precisamente cuando está actuando lo que le causa la sensación.
- Intentando conectar la experiencia sensorial y su reconocimiento, con el sentimiento, el cual será básicamente de satisfacción, de rechazo o de dolor.
- Anticipando las situaciones nuevas, los cambios, con apoyo visual.

## 12 ¿CÓMO ABORDAR EL TRABAJO CON LA FAMÍLIA DURANTE LA DETECCIÓN, DIAGNÓSTICO E INTERVENCIÓN?

Cuando las familias llegan a nuestros servicios lo hacen con toda la angustia porque o bien están preocupados por las conductas que observan en su hijo o tal vez porque algún profesional (maestro, médico...) les ha alertado y les aconseja consultar a un profesional de la salud mental. Se enfrentan a un nuevo duelo, a un nuevo diagnóstico, que les hará "revivir" algunas emociones ya experimentadas cuando recibieron el diagnóstico inicial del Síndrome de Down.

En estos primeros momentos la ansiedad puede llegar a ser muy intensa y las defensas también pueden estar muy estructuradas por lo que es muy importante la sensibilidad con la que el profesional les acoge.

Pero tan importante es que se sientan acogidos como que se sientan capaces de explicar y aportar información (debemos ayudarles a recuperar la confianza en ellos mismos como personas que también saben) pues también hay que ayudarles a ver que ellos saben observar y ver quién es su hijo.

El diagnóstico genera preocupación y angustia pero también es cierto, como nos expresan algunas familias, que les alivia. La comunicación del diagnóstico debe ir siempre acompañada de esperanza, porque va a ser lo que dé la posibilidad de evolucionar en el duelo y posteriormente de trabajar con sus hijos. Debemos explicar lo que vemos en relación con las dificultades pero también con relación a las capacidades.

Generar esperanza en los padres para que estén dispuestos a colaborar y a luchar.

¿Y cómo se da esta esperanza? Dando significado a aquellas conductas incompresibles, extrañas.... Ayudar a entender lo que parece que no tiene sentido...

Es importante QUÉ se dice pero también CUANDO y CÓMO se dice.

El diagnóstico debe fundamentarse en la presencia de síntomas en 3 áreas:

- La comunicación.
- La interacción social.
- Las conductas repetitivas.

Las investigaciones actuales sugieren que las conductas repetitivas, la adhesión inflexible a rutinas y los intereses restrictivos son rasgos comunes del comportamiento en todos los niños con Síndrome de Down, con o sin TEA, y por lo tanto por sí solos no son un indicativo de autismo.

Actualmente se recomienda a los padres y profesionales que utilicen las fortalezas sociales de los niños con Síndrome de Down y sus puntos fuertes con la IMITACIÓN y los GESTOS, para desarrollar sus habilidades sociales de interacción y comunicación durante los primeros años.

Al mismo tiempo nos parece importante ofrecer la posibilidad de compartir la vivencia de tener un hijo, un nieto, un hermano... con esta patología dual pues es uno de los recursos que también podemos utilizar para atender las familias. En estos grupos también cabría la dimensión psicoeducativa que pasaría por poder facilitar información y explicaciones sobre el funcionamiento mental y conductual del niño con Síndrome de Down y TEA.

## 13. REFLEXIONES Y CONCLUSIONES

Las personas con síndrome de Down pueden sufrir problemas emocionales y presentar trastornos mentales como el resto de la población, que hay que saber diagnosticar y tratar pues la presentación de la mayoría de estos trastornos tiende a ser más compleja que en la población general.

La realización de un diagnóstico dual en personas discapacidad intelectual, puede resultar bastante complicada pues presenta la dificultad añadida de discriminar los aspectos realmente patológicos de los que no lo son.

Las personas con síndrome de Down, además de una discapacidad, que será mayor o menor según su proceso de adaptación y sus habilidades, tienen fortalezas y cualidades; tienen puntos fuertes que desarrollarán más o menos según hayan sido educadas en la confianza, la responsabilidad y la motivación. Confiar es creer que el otro puede hacer lo que se le pide y no tratarle como incapaz. Responsabilidad es delegarle tareas cuya no realización puede tener consecuencias negativas. Y motivar es generar el deseo de aprender. Una buena educación en este sentido es fundamental para prevenir los trastornos mentales y promover el bienestar emocional.

Si entendemos estas situaciones y las prevenimos, mejorará la salud mental de las personas con síndrome de Down evitando algunos trastornos que, más que con la discapacidad en sí misma, tendrían que ver con un entendimiento erróneo de lo que significa una discapacidad intelectual.

## 14. BIBLIOGRAFÍA

ACQUARONE, S. (2007) Signs of Autism in infant. Recognition and early intervention. Karnac Books.

ASOCIACIÓN AMERICANA DE PSIQUIATRÍA (2013). *Manual Diagnóstico y Estadístico de los Trastornos Mentales (5ª ed.).* Arlington, VA: American Psychiatric Publishing.

BUCKLEY S. y BEN SACKS (2001) "An Overview of the Development of Infants with Down Syndrome (0-5 Years)".

BUCKLEY, S., Autism and Down syndrome (2005) *Down Syndrome News and Update* 4 (4) 114-120. http://www.down-syndrome.org/updates/341/updates-341.pdf.

CAPONE,G.T. GRADOS, M.A., KAUFMAN, W.E., BERNARD RIPOLL, S. y JEWELL, A. (2005). Down syndrome and morbid autism spectrum disorder:characterization using the aberrant behaviour checklist. *Am J Med Genet (34) 373-380.*

CENTRE TERAPÈUTIC CARRILET (2012). Comprensión y abordaje educativo y terapéutico del TEA. Horsori Editorial.

COLLACOTT, R., COOPER, S., & MCGROTHER, C. (1992). "Differential Rates of Psychiatric Disorders inAdults with Down Syndrome Compared With Other Mentally Handicapped Adults", British Journal of Psychiatry, 161, 671-674.

DIGUISEPPI, C, HEPBURN, S, DAVIS, J, FIDLER, D et al (2010) Screening for ASD in children with Down syndrome: Population prevalence and screening test characteristics. Journal of Developmental & Behavioral Pediatrics, 31(3)181-191.

FLÓREZ, J. (2005). Autismo y Síndrome de Down. *Revista Síndrome de Down, 22:* 61-72, 2005, p. 65.

FLÓREZ,J., GARVÍA,B. Y FERNÁNDEZ-OLARIA,R.(2015) Neurobiología, Neuropsicología y salud mental. Bases para la intervención en el aprendizaje, la conducta y el bienestar mental. Ed. Fundación Iberoamericana Down 21 y CEPE.

GILLBERG, C., PERSSON, E., GRUFMAN, N., & THEMNER, U. (1986). "Psychiatric disorders in mildly andseverely mentally retarded urban children and adolescents: epidemiological aspects.", British Journal of Psychiatry, 149,68-74.

GHAZIUDDIN, M., TSAI, L., & GHAZIUDDIN, N. (1992). "Autism in Down's syndrome;presentation and diagnosis", Journal of Intellectual Disability Research, 36, 449-456.

GHAZZIUDDEN, M. (1997). "Autism in Down's syndrome: family history correlates" Journal of IntellectualDisability Research, 41 part1, 87-91.

DM-ID Guía clínica para el diagnóstico de enfermedades mentales en personas con discapacidad intelectual. Producido por la NADD (asociación nacional para diagnóstico dual), cuya edición española ha sido realizada por Down España.

HEPBURN, S., PHILOFSKY, A., FIDLER, D & ROGERS, S (2007) Autism symptoms in toddlers with Down syndrome: a descriptive study. *Journal of Applied Research in Intellectual Disabilities*, 21 (1) 48-57.

HEPBURN, S. & FIDLER, D. (2013) What autism looks like in a child with Down syndrome: the behavioral phenotype. Chapter in M. Froehlke, M. & R. Zaoborek.*When Down syndrome and autism intersect: a guide to DS-ASD for parents and professionals*. Woodbine House.

HOWLIN, P., WING, L., & GOULD, J. (1995). "The recognition of Autism in children with Down'ssyndrome-implications for intervention and some speculations about pathology",Developmental Medicine and Child Neurology, 37, 406-413.

LUND, J. (1988). "Psychiatric aspects of Down syndrome", Acta Psychiactrica Scandinavia, 78, 369-374.

MCGUIRE, G y CHICOINE, B. (2010) *Bienestar mental en adultos con síndrome de Down.* Ed. la Fundación Iberoamericana Down 21 y traducido por Jesús Flórez y Rosario León.

MOSS, J., RICHARDS, C., NELSON, L. & OLIVER, C. (2013) Prevalence of autism spectrum disorder symptomatology and related behavioral characteristics in individuals with Downsyndrome. *Autism*, 17, 390. Fuente: Down Syndrome Education International. http://www.dseinternational.org/en-us/education21/10/.

VILOCA, Ll. (2007). El niño autista: detección, Evolución y Tratamiento. Ed. CEAC.

WARNER, G., MOSS, J., SMITH, P. & HOWLIN, P. (2014) Autism characteristics and behavioral disturbances in ~500 children with Down's syndrome in England and Wales. *Autism Research* 7, 433-441.

WING L. & GOULD, J. (1979). "Severe impairment of social interaction and associated abnormalities in children; epidemiology and classification", Journal of Autism and Developmental Disorders, 9, 11-29.

YIRMIYA, N. et. al. (1996). "Theory of Mind Abilities in Individuals With Autism, Down Syndrome, and Mental retardation of Unknown etiology: The Role of Age and Intelligence", Journal ofChild Psycology and Psychiatry, 37(8), 1003-1014.

# ACTUAL PANORAMA EDUCATIVO: CÓMO GARANTIZAR EL DERECHO A UNA EDUCACIÓN DE CALIDAD PARA LAS PERSONAS CON SÍNDROME DE DOWN EN SECUNDARIA Y FORMACIÓN PROFESIONAL


SUSANA ÁLVAREZ MARTÍNEZ

*Coordinadora de educación de DownGranada*


Para iniciar mi exposición, debo incluir una brevísima referencia a las leyes actuales de educación, partiendo de aspectos generales, hasta concretar en las etapas educativas que nos ocupan: Secundaria y Formación Profesional y por supuesto desde la atención a las personas con N.E.E, aunque yo prefiero el término de personas con capacidades diferentes.

## ASPECTOS GENERALES

**REFERENCIAS DEL BOE (Ley Orgánica 8/2013, de 9 de diciembre, para la mejora de la calidad educativa) sobre alumnos con necesidades educativas especiales. Modificaciones realizadas respecto a la LOE (anterior ley educativa, modificada parcialmente por la nueva ley educativa, la LOMCE).**

**Artículo 27. Programas de mejora del aprendizaje y del rendimiento.**

"Las Administraciones educativas garantizarán al alumnado con discapacidad que participe en estos programas la disposición de los recursos de apoyo que, con carácter general, se prevean para este alumnado en el Sistema Educativo Español".

**Artículo 71. Principios.**

2. "Corresponde a las Administraciones educativas asegurar los recursos necesarios para que los alumnos y alumnas que requieran una atención educativa diferente a la ordinaria, por presentar necesidades educativas especiales, por dificultades específicas de aprendizaje, por sus altas capacidades intelectuales, por haberse incorporado tarde al sistema educativo, o por condiciones personales o de historia escolar, puedan alcanzar el máximo desarrollo posible de sus capacidades personales y, en todo caso, los objetivos establecidos con carácter general para todo el alumnado".

4. "Corresponde a las Administraciones educativas garantizar la escolarización, regular y asegurar la participación de los padres o tutores en las decisiones que afecten a la escolarización y a los procesos educativos de este alumnado. Igualmente les corresponde adoptar las medidas oportunas para que los padres de estos alumnos reciban el adecuado asesoramiento individualizado, así como la información necesaria que les ayude en la educación de sus hijos".

## ¿QUÉ HERRAMIENTAS UTILIZARÁ EL ESTADO PARA CUBRIR ESTAS NECESIDADES Y DAR RESPUESTA A ESTA REALIDAD EDUCATIVA?

**Artículo 72. Recursos.**

1. "Para alcanzar los fines señalados en el artículo anterior, las Administraciones educativas dispondrán del profesorado de las especialidades correspondientes y de profesionales cualificados, así como de los medios y materiales precisos para la adecuada atención a este alumnado".

2. "Corresponde a las Administraciones educativas dotar a los centros de los recursos necesarios para atender adecuadamente a este alumnado. Los criterios para determinar

estas dotaciones serán los mismos para los centros públicos y privados concertados".

3. "Los centros contarán con la debida organización escolar y realizarán las adaptaciones y diversificaciones curriculares precisas para facilitar a todo el alumnado la consecución de los fines establecidos".

4. "Las Administraciones educativas promoverán la formación del profesorado y de otros profesionales relacionada con el tratamiento del alumnado con necesidad específica de apoyo educativo".

5. "Las Administraciones educativas podrán colaborar con otras Administraciones o entidades públicas o privadas sin ánimo de lucro, instituciones o asociaciones, para facilitar la escolarización y una mejor incorporación de este alumnado al centro educativo".

**La LOE (modificada parcialmente por la LOMCE) establece tres secciones para la respuesta a necesidades educativas:**

SECCIÓN PRIMERA: ALUMNADO QUE PRESENTA NECESIDADES EDUCATIVAS ESPECIALES.

SECCIÓN SEGUNDA: ALUMNADO CON ALTAS CAPACIDADES INTELECTUALES.

ALUMNOS CON INTEGRACIÓN TARDÍA EN EL SISTEMA EDUCATIVO ESPAÑOL

En esta sección (SECCIÓN PRIMERA) se indica que se entiende por alumnado con necesidades educativas especiales, de qué forma se llevará a cabo su escolarización y cómo se afrontará su integración social y laboral (Artículos 73, 74 y 75).

**Artículo 73. Ámbito.**

"Se entiende por alumnado que presenta necesidades educativas especiales, aquel que requiera, por un periodo de su escolarización o a lo largo de toda ella, determinados apoyos y atenciones educativas específicas derivadas de discapacidad o trastornos graves de conducta".

**Artículo 74. Escolarización.**

1. "La escolarización del alumnado que presenta necesidades educativas especiales se regirá por los principios de normalización e inclusión y asegurará su no discriminación y la igualdad efectiva en el acceso y la permanencia en el sistema educativo, pudiendo introducirse medidas de flexibilización de las distintas etapas educativas, cuando se considere necesario. La escolarización de este alumnado en unidades o centros de educación especial, que podrá extenderse hasta los veintiún años, sólo se llevará a cabo cuando sus necesidades no puedan ser atendidas en el marco de las medidas de atención a la diversidad de los centros ordinarios. "

4. "Corresponde a las Administraciones educativas promover la escolarización en la educación infantil del alumnado que presente necesidades educativas especiales y desarrollar programas para su adecuada escolarización en los centros de educación primaria y secundaria obligatoria".

5. "Corresponde asimismo a las Administraciones educativas favorecer que el alumnado con necesidades educativas especiales pueda continuar su escolarización de manera adecuada en las enseñanzas postobligatorias, así como adaptar las condiciones de realización de las pruebas establecidas en esta Ley para aquellas personas con discapacidad que así lo requieran".

**Artículo 75. Integración social y laboral.**

1. "Con la finalidad de facilitar la integración social y laboral del alumnado con necesidades educativas especiales que no pueda conseguir los objetivos de la educación obligatoria, las Administraciones públicas fomentarán ofertas formativas adaptadas a sus necesidades específicas".

2. "Las Administraciones educativas establecerán una reserva de plazas en las enseñanzas de formación profesional para el alumnado con discapacidad".

## ASPECTOS ESPECÍFICOS

**EDUCACIÓN SECUNDARIA OBLIGATORIA (Real Decreto 1105/2014, de 26 de diciembre, por el que se establece el currículo básico de la Educación Secundaria Obligatoria y del Bachillerato). Ley Orgánica 8/2013, de 9 de diciembre, para la Mejora de la Calidad Educativa.**

**Artículo 16. Medidas organizativas y curriculares para la atención a la diversidad y la organización flexible de las enseñanzas.**

1. Corresponde a las Administraciones educativas regular las medidas de atención a la diversidad, organizativas y curriculares, incluidas las medidas de atención al alumnado con necesidades específicas de apoyo educativo, que permitan a los centros, en el ejercicio de su autonomía, una organización flexible de las enseñanzas.

2. Entre las medidas indicadas en el apartado anterior se contemplarán las adaptaciones del currículo, la integración de materias en ámbitos, los agrupamientos flexibles, el apoyo en grupos ordinarios, los desdoblamientos de grupos, la oferta de materias específicas, los Programas de Mejora del Aprendizaje y el Rendimiento y otros programas de tratamiento personalizado para el alumnado con necesidad específica de apoyo educativo. A estos efectos, os centros tendrán autonomía para organizar los grupos y las materias de manera flexible y para adoptar las medidas de atención a la diversidad más adecuadas a las características de su alumnado y que permitan el mejor aprovechamiento de los recursos de que disponga. Las medidas de atención a la diversidad que adopte cada centro formarán parte de su proyecto educativo, de conformidad con lo que

establece el artículo 121.2 de la Ley Orgánica 2/2006, de 3 de mayo, de Educación.

3. La escolarización del alumnado con necesidades educativas especiales en centros ordinarios podrá prolongarse un año más, sin menoscabo de lo dispuesto en el artículo 28.5 de dicha Ley Orgánica, según el cual, el alumno o alumna podrá repetir el mismo curso una sola vez y dos veces como máximo dentro de la etapa. Cuando esta segunda repetición deba producirse en tercero o cuarto curso, se prolongará un año el límite de edad al que se refiere el apartado 2 del artículo 4 de la Ley Orgánica 2/2006, de 3 de mayo. Excepcionalmente, un alumno o alumna podrá repetir una segunda vez en cuarto curso si no ha repetido en los cursos anteriores de la etapa.

**FORMACIÓN PROFESIONAL BÁSICA (FPB) / (Real Decreto 127/2014, de 28 de febrero, por el que se regulan aspectos específicos de la Formación Profesional Básica). Ley Orgánica 8/2013, de 9 de diciembre, para la Mejora de la Calidad Educativa.**

**Artículo 13. Atención a la diversidad.**

1. "La Formación Profesional Básica se organiza de acuerdo con el principio de atención a la diversidad de los alumnos y las alumnas y su carácter de oferta obligatoria. Las medidas de atención a la diversidad estarán orientadas a responder a las necesidades educativas concretas de los alumnos y las alumnas y a la consecución de los resultados de aprendizaje vinculados a las competencias profesionales del título, y responderá al derecho a una educación inclusiva que les permita alcanzar dichos objetivos y la titulación correspondiente, según lo establecido en la normativa vigente en materia de derechos de las personas con discapacidad y de su inclusión social".

2. "Las Administraciones educativas promoverán medidas metodológicas de atención a la diversidad que permitan a los

centros, en el ejercicio de su autonomía, una organización de las enseñanzas adecuada a las características de los alumnos y las alumnas".

**Disposición adicional tercera. Accesibilidad universal y diseño para todos en las enseñanzas de Formación Profesional Básica.**

1. "Las Administraciones educativas, en el ámbito de sus respectivas competencias, incluirán en el currículo de los títulos profesionales básicos los elementos necesarios para garantizar que las personas que los cursen desarrollen las competencias vinculadas al «diseño para todos»".

2. "Asimismo, dichas Administraciones adoptarán las medidas que estimen necesarias para que los alumnos y las alumnas con discapacidad puedan acceder y cursar los ciclos de Formación Profesional Básica en las condiciones establecidas en la disposición adicional tercera del Real Decreto Legislativo 1/2013, de 29 de noviembre, por el que se aprueba el Texto Refundido de la Ley General de derechos de las personas con discapacidad y de su inclusión social.

**Disposición adicional cuarta. Otros programas formativos de formación profesional para los alumnos y las alumnas con necesidades educativas específicas.**

1. "A efecto de dar continuidad a los alumnos y las alumnas con necesidades educativas especiales, y responder a colectivos con necesidades específicas, las Administraciones educativas podrán establecer y autorizar otras ofertas formativas de formación profesional adaptadas a sus necesidades. Estos programas podrán incluir módulos profesionales de un título profesional básico y otros módulos de formación apropiados para la adaptación a sus necesidades. Esta formación complementaria seguirá la estructura modular y sus objetivos estarán definidos en resultados de aprendizaje, criterios de evaluación y contenidos, según lo establecido en la normativa vigente".

2. "Cuando se oferten módulos incluidos en un título profesional básico, su superación tendrá carácter acumulable para la obtención de dicho título. La superación del resto de módulos no incluidos en un título profesional básico que formen parte del programa se acreditará mediante certificación académica y las competencias profesionales así adquiridas podrán ser evaluadas y acreditadas de acuerdo con el procedimiento establecido en el Real Decreto 1224/2009, de 17 de julio, de reconocimiento de las competencias profesionales adquiridas por experiencia laboral".

3. "La duración de estos programas será variable, según las necesidades de los colectivos a que vayan destinados".

## 1. ETAPA DE SECUNDARIA: COMO FAVORECER UN ITINERARIO INCLUSIVO

La finalidad del sistema educativo tiene que ser la misma para todo el alumnado: conseguir el máximo desarrollo de cada persona y favorecer la obtención de titulación que le posibilite un futuro laboral.

Entiendo por conseguir el máximo desarrollo personal el favorecer un concepto de inteligencia múltiple como la que describe Gadner. El cual defiende que para la vida uno necesita o hace uso de más de un tipo de inteligencia. Define inteligencia, no como tradicionalmente algo innato e inamovible, sino como" la capacidad de resolver problemas o elaborar productos que sean útiles en una o más culturas".Ypone el énfasis para su desarrollo en el medio ambiente, en las experiencias vividas , en la educación recibida...

El alumnado con discapacidad debe promocionar curso y obtener el título correspondiente al finalizar sus estudios.

La clave estaría en cómo llevarlo a cabo para las personas con N.EE

Las adaptación curricular es una medida de modificación de los elementos del currículo, a fin de dar respuesta al alumnado con necesidades específicas de apoyo educativo recogida en la orden de 25 de julio del 2008, Art 12.1.

En la adaptación curricular no significativa no hay que modificar ni objetivos, ni criterios de evaluación de etapa.

Las adaptaciones curriculares serán propuestas y elaboradas por el equipo docente, o por el profesor/a del área o materia en la que el alumno/a tenga el desfase curricular, bajo la coordinación del tutor y con el asesoramiento del equipo o departamento de orientación (orden 25/7/2008, Art 14.3)Ese mismo artículo nos dice que constarán las áreas o materias en las que se van a aplicar,la metodología, la organización de los contenidos, los criterios de evaluación y la organización de tiempos y espacios.

Si el desfase curricular es mayor y hay que modificar todos los elementos del currículo, incluyendo objetivos y criterios de evaluación de etapa, la adaptación es significativa, y debe de quedar recogida en un documento, que estará disponible en la aplicación informática "Séneca".La aplicación de las adaptaciones curriculares significativas serán responsabilidad del profesor/a de áres o materia correspondiente , con la colaboración del profesorado de educación especial y el asesoramiento del equipo o departamento de orientación (orden 25-7-2008, Art 15.6) Esta misma orden en el artículo 15.7 dice que la evaluación será responsabilidad compartida del profesor que las imparte y el profesor de apoyo.

Así mismo, es necesario informar a la familia del alumno/a de los diferentes aspectos e implicaciones de la adaptación curricular.

Se trata de un documento abierto a todas las modificaciones, que de forma justificada y legal, se puedan introducir.

Una respuesta educativas de calidad supone la elaboración de una ACI centrada en las características y situación de aprendizaje de cada alumno/a y adecuada a sus necesidades.

Una ACI con las siguientes características:

- Objetivos y contenidos mínimos de etapa definidos en función de las necesidades del alumno/a y adecuados a su competencia.
- Objetivos accesibles en su "zona de desarrollo próximo".

El concepto de **zona de desarrollo próximo**, introducido por Lev Vygotski desde 1931, es la distancia entre el nivel de desarrollo efectivo del alumno/a (aquello que es capaz de hacer por sí solo) y el nivel de desarrollo potencial (aquello que sería capaz de hacer con la ayuda de un adulto o un compañero).

- Distintos niveles de consecución de cada uno de los contenidos para alcanzar cada objetivo.
- Criterios de evaluación y procedimientos explícitos e individualizados a las características de aprendizaje de cada alumno/a.
- Unos criterios de evaluación que no sólo evalúen contenidos, sino también procedimientos y actitudes.Una manera de evaluar que combine las pruebas escritas tradicionales con otros sistemas de evaluación como presentación de un trabajo, exposición oral...
- Un ACI flexible, entendida como transitoria, según se desarrolle, y revisable periódicamente con el fin de ajustar alguno de sus elementos ante un cambio de situación personal o pedagógica del alumno/a.
- Conocida y consensuada por la familia y/o por otros profesionales fuera del centro educativo que atienden también al niño/a. Se trata de aunar esfuerzos y de trabajar de forma coordinada todos los agentes que inciden en el niño/a. El trabajo en equipo desde una perspectiva ecológica integral.

La *Teoría Ecológica de los Sistemas* de Urie Bronfenbrenner consiste en un enfoque ambiental sobre el desarrollo del individuo a través de los diferentes ambientes en los que se desenvuelve y que influyen en el cambio y en su desarrollo cognitivo, moral y relacional.

- En la que aparezcan las estrategias educativas y recursos concretos que se van a utilizar para alcanzar los objetivos propuestos. Y de ellos,una justificación de los que han funcionado en concreto con el alumno/a.

Se trata pues de planificar los medios que se seguirán para alcanzar los objetivos de la ACI.

Si esa ACI está diseñada en torno a unos objetivos mínimos de etapa y no supera los dos años de desfase curricular, debe permitir la obtención del título.

Es inexistente la legislación concreta en torno a este aspecto, dado que la orden que regulaba las ACIs (orden de 13 de julio de 1994) está derrogada desde la puesta en vigor de la orden de Atención a la Diversidad de 2008 y la legislación actual apenas desarrolla este aspecto.

Tendría que existir una planificación real de medios concretos para conseguir ACIS adecuadas a las necesidades del alumno/a. Así como unas adaptaciones curriculares diseñadas en base a objetivos y contenidos mínimos de etapa, reguladas en base a esto y no a interpretaciones diferentes, dependiendo del centro educativo y de la filosofía inherente a él en torno a la atención a la diversidad.

Debería existir en Séneca la posibilidad de registrar un documento en el que se explicite en qué nivel de competencia curricular se está evaluando al alumno/a.

La evaluación del alumnado con N.E.E que curse las enseñanzas correspondientes a la educación secundaria obligatoria con adaptaciones curriculares será competencia del equipo docente, asesorado por el departamento de orientación. Los criterios de evaluación establecidos en dichas adaptaciones curriculares serán el referente fundamental para valorar el grado de adquisición de las competencias básicas (orden 10-8-2007-ESO, art 7.1)

Actualmente se plantearía además otra cuestión clave: el **superar la reválida**. Ya que tiene que ser apta para poder hacer media con las notas del expediente académico. En relación a la asociaciones y entidades en torno a la discapacidad psíquica tendrían que unificar esfuerzos y luchar por una prueba de evaluación en relación a su ACI y respetando la forma de aprendizaje propia del colectivo.

Además de que no se limitasen exclusivamente a adaptación de tiempos o medios materiales, sino que comprendieran los ajustes necersarios para garantizar su accesibilidad y comprensión de la información que se le pide.

En concreto, en el caso de las personas con síndrome de Down serían **acciones como las siguientes**:

- Instrucciones de las preguntas cortas y redactas de forma sencilla.
- Preguntas de respuesta corta evitando las de desarrollo.
- Cuestiones para responder verdadero o falso.
- Preguntas donde se debe marcar la respuesta correcta.
- Completar enunciados.

El que el ACI sea o no significativa en la etapa de secundaria plantea un itinerario educativo futuro distinto.

Con el PMAR existente en 2º y 3º de la ESO se pretende mejorar el aprendizaje y rendimiento académico y que el alumnado perteneciente al programa llegue a 4º con unas mayores competencias para realizar ese curso y la revalida tal cual como el resto.

## 2. POSIBILIDADES ESCOLARES TRAS LA ESO

Analizamos las distintas opciones según si se ha obtenido o no el título de secundaria.

Si el alumno/a **no** ha obtenido el título de secundaria puede acceder a:

- Un PTVAL.
- Una FP básica (17 a 19 años) (nº plazas y oferta formativa limitada).
- Una formación de adultos.
- Un centro específico.

Si el alumno/a ha obtenido el título de secundaria puede acceder a:

- Una Formación de Grado Medio.
- Bachillerato.

## 3. EL MÉTODO DE LECTURA FÁCIL EN LOS CICLOS FORMATIVOS. PROGRAMA DE ATENCIÓN DEL ALUMNADO DE F.P DE DOWN GRANADA

En F.P se preveen la atención a la diversidad y adaptaciones de acceso al currículum para el alumnado con discapacidad. La normativa actual reserva un 5% de plazas para el alumnado con discapacidad.

La atención a la diversidad es el conjunto de medidas para facilitar el éxito del alumnado con dificultad de aprendizaje.

Pero no está todo hecho, **hay que seguir avanzando hacia la inclusión, sobre todo en etapas postobligatorias.**

Es necesario unos materiales que garanticen el acceso a la información de las personas con dificultades de aprendizaje.

**Unas adaptaciones de acceso al currículo a través de la metodología de lectura fácil.**

### ¿Qué es la Lectura Fácil?

Son libros, documentos administrativos, textos, páginas web...que se hacen accesibles para la comprensión lectora de cualquier persona. Para llevar a cabo esta técnica se siguen las directrices internacionales de la IFLA y de inclusión Europea.

**¿A quién se dirige?**

Se dirige a todas las personas, en especial a aquellas que tienen dificultades lectoras transitorias (inmigración, escolarización deficiente...) o permanentes (trastornos de aprendizaje, discapacidad intelectual...).

**¿Por qué es necesaria?**

- Porque el acceso a la lectura y a la información es un derecho y una necesidad social.
- Porque muchos textos tienen un exceso de tecnicismos, una sintaxis compleja y una presentación poco clara por lo que se hace muy difícil de comprender.
- Porque más del 30% de la población tiene dificultades lectoras.

El estudio realizado sobre la lectura fácil como técnica que facilita la accesibilidad a los contenidos para todas las personas ha pretendido alcanzar los aspectos más inmediatos: cómo redactar y cómo saber si ese texto realmente es accesible.

Entre los aspectos a resaltar de los contenidos aquí expuestos, cabe señalar que, en primer lugar, es necesario ahondar en el conocimiento del proceso de lectura y de cómo se encuentra en una persona con dificultades de aprendizaje, con el fin de que se consideren estos déficits a la hora de redactar para conseguir una mayor adecuación a sus objetivos.

En segundo lugar, es interesante observar cómo la legislación ha llegado en los últimos años a descender a unos niveles de precisión excesivos para una norma con el fin de promover la introducción de la lectura fácil en algunos ámbitos, como el administrativo.

**Orden PRE/446/2008**, de 20 de febrero por la que se determinan las especificaciones y características técnicas de las condiciones y criterios de accesibilidad y no discriminación establecidos en el **Real Decreto 366/2007**, de 16 de marzo, artículo 16:

- Papel mate.
- Letra entre 14 y 18 puntos. Mínimo 12.
- Texto contrastado con el fondo.
- 1´5 espacios.
- Dos tipos de letra. Uno para el contenido y otro para el título.
- Redacción de forma directa, con frase sencillas, evitando el lenguaje complejo.

**PAUTAS PARA LA ELABORACIÓN EN LECTURA FÁCIL**

- **LETRA: Arial 14.**
- **Espacio 1,5.**
- **Identificar la adaptación de los temas con el icono de Fácil Lectura.**

- **Hacer el glosario.**

- **Para recalcar una idea utilizar la bombilla.**

- **Para recordar un idea (¡No te olvides!.)**
- **Utilizar fotos e imágenes reales. (ARASAAC)**
- **Incluir actividades de situaciones reales, vivenciadas, para que se identifique la utilidad de los aprendizajes en la vida práctica.**
- **Al redactar la evaluación, no incluir el inicio de la palabra en cada respuesta.**
- **Dar pautas metodológicas.**
- **Incluir actividades, distintas formas de evaluación y diferentes formas de presentación de los materiales.**

- Texto justificado.
- Formato de encuadernación para abrir fácilmente.
- Instrucciones claras y sencillas.

Las características de las adaptaciones de acceso del programa de atención al alumnado de F.P de Down Granada , realizadas mediante la lectura fácil además de seguir las características anteriores presentan otras como son:

La elaboración de materiales en Lectura Fácil desarrollaría además unos cambios en la metodología, en los procesos de evaluación y en los recursos humanos.

## 4. PROGRAMA DE ATENCIÓN DEL ALUMNADO DE F.P. DE DOWN GRANADA

### Actuaciones PREVIAS al proyecto.

El trabajo coordinado con los Departamentos de Orientación ha demostrado que hay una serie de medidas clave a la hora de propiciar un adecuado desenvolvimiento académico del alumnado con necesidades educativas especiales, en este caso, por presentar Síndrome de Down, pero que son generalizables a todo el alumnado con diversidad funcional, como son:

### Estudio del GRUPO-CLASE.

No basta con conocer bien las características del alumno o la alumna con n.e.e., es preciso analizar la idiosincrasia de cada grupo clase para facilitar su inclusión. La ratio del grupo, el perfil de la tutoría, las relaciones entre sus iguales,... todos son factores a considerar para decidir la adscripción.

**La estructura modular de la Formación Profesional.**

Es muy importante valorar todos y cada una de las unidades de competencia con la formación que tienen asociada. El módulo formativo es el bloque coherente de formación asociada a cada una de las unidades de competencia que configuran la cualificación, por ende, la selección adecuada de los mismos, conociendo a priori las capacidades (identificando las que requieran ser completadas en el entorno real de trabajo) y criterios de evaluación, los contenidos y los requisitos básicos del contexto formativo, podemos facilitar el desenvolvimiento de nuestro alumnado con n.e.e. en la educación pos-obligatoria, en concreto en la formación profesional.

**Incorporación de nuevas estrategias de enseñanza-aprendizaje.**

El mayor desafío es lograr la motivación y participación activa, en este sentido el "groupware", TRABAJO COOPERATIVO, consigue que todos los participantes trabajen, colaboren, y se ayuden, para la consecución de una meta. Cada alumna o alumno aprende más de lo que aprendería por sí solo, debido a que se manifiesta una interacción de los integrantes del equipo. Los miembros de cada grupo podrán reconocer sus habilidades y de la misma manera sus diferencias, por lo que se debe crear la comunicación, lograr escuchar y atender cada punto de vista de los individuos; es así como se podrá adquirir el conocimiento y aplicarlo en el desarrollo de los proyectos que se propongan en ese grupo de trabajo.

**Incorporación de la agenda digital**, como recurso educativo, lo que permitirá a discentes, profesorado y centros de enseñanza compartir libremente documentos o material multimedia con fines relacionados con la educación como la enseñanza, el aprendizaje, la evaluación y la investigación cuya principal característica es que son de acceso libre.

**Fomento y potenciación de apoyos naturales para el acnee,** resaltando la colaboración de la Familia con el Centro y con la propia Asociación a través de distintas vías de comunicación (tutorías, correo electrónico, uso de agenda, etc).

**Actuaciones derivadas del proyecto.**

- Posibilidad de acogernos al Programa ÍCARO de la Universidad de Granada, a través de prácticas formativas en empresas.
- Posibilidad de solicitar subvención, a través del Profesorado de los IES implicados, y acogernos a la Convocatoria para el desarrollo de proyectos de investigación e innovación educativa y para facilitarle la elaboración de materiales curriculares y recursos didácticos de diferentes ámbitos .
- Formación en el CEP: De manera coordinada entre los y las Profesionales de la Asociación Granada – Down y el Profesorado de la administración educativa se ha llevado a cabo una acción formativa consistente en la actualización en sistemas y estrategias de adaptación de textos utilizando las técnicas de LECTURA FÁCIL.
- Difusión de material curricular (unidades didácticas y pruebas de evaluación en LECTURA FÁCIL).
- Ejemplificación de un Modelo de Intervención Educativa con participación activa del tejido asociativo y de la administración educativa.
- Demanda de la figura del Profesor de Apoyo Curricular en los Ciclos Formativos de Grado Medio, en este proyecto se ve imprescindible la colaboración de dos profesionales, uno para el ámbito científico- tecnológico y otro para el socio-lingüístico.
- Consenso, aprobación y utilización de documentos comunes, tales como: un

# 5. MODELO DE ADAPTACIÓN DE ACCESO AL CURRÍCULUM PARA ALUMNADO CON DIVERSIDAD FUNCIONAL EN FORMACIÓN PROFESIONAL

| |
|---|
| **ADAPTACIÓN DE ACCESO AL CURRÍCULO PARA ALUMNADO CON DISCAPACIDAD EN FP** |
| No se adaptan los objetivos, contenidos y criterios de evaluación. Es una **adaptación no significativa en los recursos materiales y humanos, la metodología didáctica y los instrumentos y estrategias de evaluación**. |

1. DATOS DEL CENTRO

| | |
|---|---|
| **CENTRO** | |
| **CÓDIGO DE CENTRO** | |
| **LOCALIDAD** | |
| **TELÉFONO** | |
| **CORREO ELECTRÓNICO** | |

2. DATOS PERSONALES DEL ALUMNO/A

| | |
|---|---|
| **APELLIDOS Y NOMBRE** | |
| **NIE/DNI** | |
| **FECHA DE NACIMIENTO** | |

## 3. DATOS ACADÉMICOS DEL ALUMNO/A

| | |
|---|---|
| **FECHA ÚLTIMA EVALUACIÓN PSICOPEDAGÓGICA** | |
| **DIAGNÓSTICO CLÍNICO** (adjuntar Informes) | |
| **GRADO DE MINUSVALÍA** (adjuntar certificado) | |
| NEAE **SEGÚN CATEGORÍAS DEL CENSO DE LA CEJA** | |
| **HISTORIA ACADÉMICA: estudios cursados, repeticiones, medidas** | |
| **NIVEL DE COMPETENCIA CURRICULAR: principales logros y dificultades** | |
| **TRABAJO, MOTIVACIÓN, INTEGRACIÓN, CONDUCTA** | |

## 4. ADAPTACIÓN EN ELEMENTOS MATERIALES

| RECURSOS/ADAPTACIONES | SEÑALAR Y DESCRIBIR LO QUE PROCEDA |
|---|---|
| 1. Combinar el libro de texto con otros recursos | |
| 2. Utilización de nuevas tecnologías, ordenadores, pizarras táctiles, etc… | |
| 3. Materiales de lectura fácil | |
| 4. Materiales visuales: cuadros sinópticos, esquemas, PPT, imágenes... | |
| 5. Ampliación de letra y/o formato de papel: fuente y tamaño | |
| 6. Otros formatos: digital, audio, braille | |
| 7. Señalar los contenidos fundamentales. El alumno debe preparar resúmenes y/o esquemas | |
| 8. Si se usan apuntes, el alumno debe contrastar los suyos con los de un compañero | |
| 9. Agenda escolar para organizar las tareas y para el intercambio de información entre el centro y la familia | |
| 10. Otros | |

## 5. ADAPTACIÓN DEL PUESTO ESCOLAR

| RECURSOS/ADAPTACIONES | SEÑALAR Y DESCRIBIR LO QUE PROCEDA |
|---|---|
| 1. Situado preferentemente en primera fila | |
| 2. Situado entre compañeros que sean apoyos naturales | |
| 3. Mobiliario: silla adaptada, mesa adaptada, atril... | |

| | |
|---|---|
| 4. Ayudas: ópticas, audítivas | |
| 5. Otros | |

## 6. ADAPTACIÓN EN ELEMENTOS PERSONALES

| **RECURSOS/ADAPTACIONES** | **SEÑALAR Y DESCRIBIR LO QUE PROCEDA** |
|---|---|
| 1. Desde la tutoría y el Equipo Docente se le dedicará atención especial | |
| 2. Alumno colaborador, que lo acompañe y lo apoye en lo que necesite: apuntes, revisión de agenda | |
| 3. Necesidad de personal de apoyo en el aula: ILSE, mediador.... | |
| 4. Coordinación con profesionales que les apoyan o atienden fuera del aula: instituciones, asociaciones, organizaciones (ETPOE, ONCE, Down...) | |
| 5. Favorecer la relación del alumno con compañeros que tengan mayor empatía con él para evitar su aislamiento y facilitar el trabajo | |
| 6. El apoyo curricular que no se le puede prestar en el Centro al no haber profesor de apoyo debe suplirse en horario extraescolar | |
| 7. Otros apoyos: logopedia, lenguaje de signos... | |
| 8. Colaboración familiar: apoyo afectivo y emocional, seguimiento continuado del trabajo escolar | |
| 9. Calendario de reuniones periódicas con la familia | |
| 10. Otros | |

## 7. ADAPTACIÓN EN LA METODOLOGÍA

| **RECURSOS/ADAPTACIONES** | **SEÑALAR Y DESCRIBIR LO QUE PROCEDA** |
|---|---|
| 1. Partir de los conocimientos previos del alumno y tantear sus lagunas o puntos débiles | |
| 2. Más práctica, menos expositiva | |
| 3. Siempre que sea posible se acompañará la información verbal con información visual: gestos, dibujos, objetos reales... | |
| 4. La autoestima, el desarrollo emocional y la interacción social de los alumnos con una discapacidad pueden ser frágiles y se necesita un tacto especial con ellos | |
| 5. Ayudarle a enfrentarse a las dificultades sin miedo y con calma | |
| 6. Utilizar los refuerzos positivos | |
| 7. No permitirle refugiarse en la comodidad. Facilitar su autonomía personal y evitar la sobreprotección. | |
| 8. Promover la participación activa del alumno en clase | |
| 9. Otros | |

## 8. ADAPTACIÓN EN ESTRATEGIAS E INSTRUMENTOS DE EVALUACIÓN

| **RECURSOS/ADAPTACIONES** | **SEÑALAR Y DESCRIBIR LO QUE PROCEDA** |
|---|---|
| 1. Criterios de evaluación definidos en cada unidad antes de comenzarla | |

| | |
|---|---|
| 2. Formular las preguntas de los exámenes con un lenguaje lo más fácil posible (NO: frases largas, mucha subordinación, palabras difíciles....) | |
| 3. Acompañar las preguntas de los exámenes de las aclaraciones que sean necesarias para garantizar su comprensión por el alumno | |
| 4. Insistencia en que tiene que responder todas las preguntas y/o revisar el examen | |
| 5. Pruebas o exámenes como máximo de dos temas | |
| 6. Uso de otras formas de evaluación además del examen escrito, como un trabajo o una exposición oral | |
| 7. Planificar y publicar calendario de exámenes con tiempo para evitar dos o más en el mismo día | |
| 8. Exámenes con un formato que les permita acabarlo en el tiempo previsto para todo el grupo | |
| 9. Dar más tiempo si el alumno lo necesita. | |
| 10. Usar otro tipo de examen o prueba si fuera necesario. Por ejemplo oral en lugar de escrito para un alumno con dificultades para escribir... | |
| 11. Centrarse cada curso en los módulos que se consideren prioritarios: dividir un curso en varios años (hay 4 convocatorias ordinarias y una extraordinaria) | |
| 12. Otros | |

9. OTRAS ADAPTACIONES Y/O RECOMENDACIONES ESPECÍFICAS

| |
|---|
| |

13. MÓDULOS EN LOS QUE SE ACUERDA REALIZAR LA ADAPTACIÓN

| **MÓDULO Y HORAS** | **PROFESOR/A** | **FIRMA** |
|---|---|---|
| | | |
| | | |
| | | |
| | | |
| | | |
| | | |

14. SEGUIMIENTO DE LA ADAPTACIÓN (se realiza al menos trimestralmente en las sesiones de evaluación)

| **FECHA** | **ASPECTOS REVISADOS** | **FIRMA TUTOR** |
|---|---|---|
| | | |
| | | |

| | | |
|---|---|---|
| | | |
| | | |
| | | |

En Granada , a ____________________

Fdo: FDO. EL TUTOR/A Fdo: EL ORIENTADOR/A

## ANEXO: ACI DEL MÓDULO

SI EL PROFESOR/A QUIERE AÑADIR ALGO A LA ADAPTACIÓN GENERAL

| | |
|---|---|
| **ALUMNO/A** | |
| **FECHA DE REALIZACIÓN** | |
| **PROFESOR/A** | |

| **Elementos personales** |
|---|
| |

| **Elementos materiales** |
|---|
| |
| **Metodología** |
| |
| **Estrategias e instrumentos de evaluación** |
| |
| **Tiempo para la ejecución de las tareas y exámenes** |

Granada, a ____________________

FDO. PROFESOR/A

Es necesario el diseño de un protocolo de atención a la diversidad y su seguimiento por parte del equipo de orientación.

## 6. PROPUESTA DE DOWN GRANADA EN RELACIÓN A LAS MEDIDAS DE ATENCIÓN A LA DIVERSIDAD PARA EL ALUMNADO CON DÉFICIT COGNITIVO. (ADAPTACIONES DE ACCESO)

A) Con respecto a la ubicación dentro de clase:

- Preferentemente en primera fila.
- Situado entre compañeros que sean "apoyos naturales".

- En un lugar donde no tenga dificultad para ver la pizarra.
- Por grupos interactivos.

B) Con respecto a los materiales:

- Uso de materiales de lectura fácil.
- Uso del materiales visuales.
- Uso del libro de texto con otros recursos.
- Utilización de nuevas tecnologías, ordenadores, pizarras táctiles, etc...

C) Con respecto a la metodología:

- Más práctica y menos expositiva.
- Menos clases magistrales y más uso de metodologías donde el alumnado pase de ser mero receptor a partícipe de la construcción de su aprendizaje; como es el caso de la metodología cooperativa.

D) Con respecto a los contenidos:

- Presentación de la unidad por medios visuales (cuadro sipnótico, esquema).
- Uso de nuevas tecnologías. Resumen de la unidad en power point...
- Presentación de los contenidos a través de lectura fácil.
- Marcar en cada unidad los objetivos más importantes.

E) Con respecto a la evaluación:

- Criterios de evaluación definidos en cada unidad antes de comenzarla.
- Realización de exámenes escritos con instrucciones claras.
- Evaluación como máximo de dos temas.
- Más tiempo para realizar los exámenes.

- Uso de otras formas de evaluación además de un examen escrito, como la presentación de un trabajo o la realización de una exposición oral.
- El resultado del examen sea sólo un porcentaje de la nota y el resto esté formado por otros criterios como: asistencia, puntualidad, trabajo en clase, en casa, realización de tareas y/o deberes exigidos...
- Fechas de evaluación con una semana mínimo de antelación.
- Un examen no coincida el mismo día con otro de otra asignatura ya establecido con anterioridad.
- Uso de una agenda para apuntar fechas relevantes (exámenes, entrega de trabajos...) y como vía de comunicación más inmediato entre familia y/o Asociación.

F) Con respecto a los agentes que participan en la educación del alumnado:

- Calendario de tutorías periódicas con la familia.
- Reuniones con los profesionales que los atienden fuera del centro.
- Formación del profesorado en medidas de atención a la diversidad y en estrategias de enseñanza-aprendizaje adecuadas, así como en Lectura fácil.

G) Con respecto a la dirección del centro:

- Promoción de metodologías de atención a la diversidad del alumnado inherente en las aulas.
- Favorecer la colaboración con entidades o asociaciones.

H) Con respecto a la orientación:

- Revisión de la evaluación y del dictamen.
- Dinamización y asesoramiento en las actuaciones de acceso al currículum a través de los equipos docentes.

- Fomento de la formación del profesorado en metodologías menos tradicionales: Aprendizaje cooperativo, grupos interactivos
- Diseño de un protocolo de atención a la diversidad donde se recojan por escrito las adaptaciones de acceso.
- Seguimiento y revisión de ese protocolo.
- Información a la familia de la posibilidad de organización temporal de los módulos y de rehusar convocatorias.

## 7. BIBLIOGRAFIA

BRONFEBRENNER, U. (2002) *La ecología del desarrollo humano: Experimentos en entornos naturales diseñados*. Barcelona: Paidos Iberica.

DOWN ESPAÑA.(2015) *Orientaciones para el apoyo a la inclusión educativa*. Madrid.

DOWN ESPAÑA.(2014) *Buenas prácticas en inclusión educativa. Las adaptaciones curriculares*. Madrid.

GARDNER, H. (2011) *Inteligencias multiples: La teoría en la practica*. Barcelona: Paidos Iberica.

PUJOLÁS, P. (2004) *Aprender juntos alumnos diferentes. Los equipos de aprendizaje en el aula*. Barcelona: Octaedro.

TRUJILLO, F. I ARIZA, M.A. (2006) *Experiencias educativas en aprendizaje cooperativo*. Granada: Grupo Editorial Universitario.

VYGOTSKI, L. (2013) *Obras Escogidas IV. Paidología del adolescente. Problemas de la psicología infantil*. Madrid:Antonio Machado.

# MEJORANDO LA CALIDAD DE VIDA DE LAS PERSONAS CON SÍNDROME DE DOWN: UNA VISIÓN COMPARTIDA

Patricia Navas
*Universidad de Salamanca. Departamento de Personalidad, Evaluación y Tratamiento Psicológico. Instituto Universitario de Integración en la Comunidad (INICO)*

## INTRODUCCIÓN

Como bien reflejan Ejea y Sarabia (2004), ha existido un notable progreso en las actitudes hacia las personas con discapacidad intelectual (DI) y en el modo de trabajo con las mismas desde que se promulgara el principio de normalización. Así, no solo se ha producido un cambio en la conceptualización de la discapacidad, sino también en los procesos de trabajo con esta población, dejando a un lado el énfasis en las limitaciones para empezar a prestar mayor atención a los apoyos que, bien como profesionales, bien como sociedad, podemos prestar a este colectivo para favorecer su inclusión en la comunidad.

El término discapacidad intelectual (DI), tal y como lo entendemos a día de hoy, surge durante el siglo XXI sustituyendo a términos como "retraso mental" o "deficiencia intelectual" que fueron comunes en décadas anteriores. Tras las recomendaciones propuestas en la 11ª edición del Manual de la Asociación Americana de Discapacidades Intelectuales y del Desarrollo, AAIDD (Schalock et al., 2010), se presenta una nueva terminología con la que ya se venía trabajando desde 2002 (Luckasson et al., 2002), Discapacidad Intelectual, y se elimina la expresión "retraso mental" debido a sus connotaciones negativas, aunque a día de hoy este término siga siendo utilizado en contextos reducidos.

Actualmente la definición de DI según la AAIDD sostiene que ésta constituye una: "discapacidad caracterizada por *limitaciones significativas en el funcionamiento intelectual y en la conducta adaptativa* que se manifiesta en habilidades adaptativas conceptuales, sociales y prácticas *antes de los 18 años*" (Luckasson et al., 2002; Schalock et al., 2010). Esta definición *operativa* establece los límites del término (qué es y qué no es discapacidad intelectual) y facilita las tareas de identificación y diagnóstico que, lejos de limitarse exclusivamente a 'etiquetar' a la persona, permiten: planificar la intervención así como determinar la idoneidad de los servicios; facilitar la comunicación entre los profesionales; favorecer un conocimiento mayor de la discapacidad; formular expectativas y metas realistas y apropiadas; ayudar a los padres a buscar de un modo más eficaz recursos, grupos de apoyo, ayudas de carácter económico o contacto con organizaciones; y estimular el desarrollo cognitivo y el mejor proceso de aceptación de los padres y respuesta de éstos al desarrollo del niño (Navas, Verdugo y Gómez, 2008).

Esta definición operativa (Schalock et al., 2010) que define los criterios diagnósticos necesarios para confirmar o descartar la presencia de DI, va acompañada de una serie de premisas que tienen por objetivo señalar aspectos relevantes de cara a la evaluación e intervención con las personas con DI y que reflejan que la discapacidad no es un rasgo inherente al individuo, sino el resultado de la interacción entre éste y el entorno que le rodea (Schalock et al., 2010, p.38):

> Premisa 1: Las limitaciones en el funcionamiento presente se deben considerar en el contexto de ambientes comunitarios típicos de los iguales en edad y cultura.
>
> Premisa 2: Una evaluación válida tiene en cuenta la diversidad cultural y lingüística, así como las diferencias

en comunicación y en factores conductuales, motores y sensoriales.

Premisa 3: En una persona, las limitaciones coexisten habitualmente con capacidades.

Premisa 4: Un objetivo importante de la descripción de limitaciones es el desarrollo de un perfil de necesidades de apoyo.

Premisa 5: Con los apoyos personalizados oportunos mantenidos a lo largo de un periodo de tiempo determinado, el funcionamiento de la persona con DI generalmente mejorará.

Esta nueva definición de discapacidad intelectual se aleja por tanto de la concepción tradicional de 'retraso mental' como un rasgo absoluto e inmodificable de la persona, para plantear un modelo ecológico y contextual en el cual la discapacidad es entendida como el resultado de la interacción entre las características de una persona y el contexto que le rodea (Verdugo, 2003, p. 45), pues se establece como principio fundamental de la evaluación desarrollar un plan de apoyos individualizado (premisas 4 y 5) que permitan reducir la discrepancia que pudiera existir entre las limitaciones presentes en la persona con DI y las demandas del entorno en que se desenvuelve.

Se rechaza también en la concepción actual de la discapacidad intelectual la clasificación y comprensión de la realidad de las personas con DI únicamente en función de los déficits presentes (i.e., limitaciones en el funcionamiento intelectual o bajas puntuaciones de CI), y se introduce un modelo multidimensional del funcionamiento humano que implica entender el funcionamiento de la persona con DI como el resultado de la interacción entre una serie de dimensiones que van más allá del funcionamiento intelectual (Figura 1): conducta adaptativa, participación, salud y contexto. Además, y reflejando la concepción interaccionista de la discapacidad intelectual, el funcionamiento del individuo podrá mejorar si se prestan los apoyos apropiados en las dimensiones mencionadas:

- Capacidades Intelectuales: incluye habilidades como el razonamiento, la planificación, solución de problemas, pensamiento abstracto, comprensión de ideas complejas, aprender con rapidez, aprender de la experiencia...etc. Las personas con discapacidad intelectual presentan fortalezas en estas habilidades, así como limitaciones que podrán reducirse con la prestación de los apoyos apropiados.
- Conducta adaptativa: hace referencia al conjunto de habilidades conceptuales, sociales y prácticas que son aprendidas por las personas para manejarse en el entorno en el que viven (habilidades para el establecimiento de relaciones interpersonales, manejo del dinero, actividades prácticas e instrumentales de la vida diaria, responsabilidad, etc.). Si existen limitaciones en alguna de estas habilidades, existirán dificultades para responder a las demandas del entorno, así como a los cambios que puedan producirse en éste de manera inesperada. No obstante, con la prestación de los apoyos apropiados, las habilidades conceptuales, sociales y prácticas de la persona con DI podrán mejorar.
- Participación: hace referencia al grado en que la persona puede desarrollar interacciones sociales significativas y desempeñar distintos roles en el entorno en el que vive.
- Salud: las personas con discapacidad intelectual suelen presentar comorbilidad con problemas de salud como la epilepsia, obesidad, trastornos respiratorios, entre otros (Mirón, Alonso y Serrano, 2005). Proporcionar apoyos sanitarios será por tanto crucial para mejorar su funcionamiento individual.
- Contexto. Esta dimensión incluye tanto factores ambientales (entorno físico) como personales (como por ejemplo, miembros de la red social que proporcionan apoyos). La DI se expresa cuando una persona con limitaciones significativas interactúa con su entorno, por

lo la discapacidad se expresará de forma distinta si el contexto es más o menos facilitador.

*Figura 1.* Esquema conceptual del funcionamiento humano.

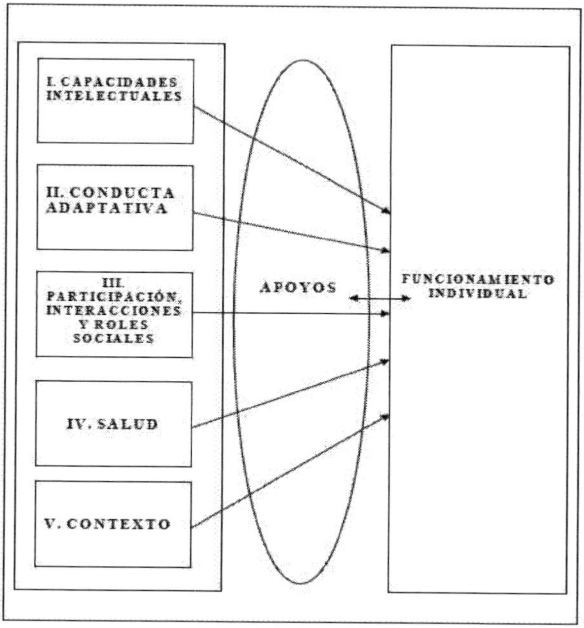


Fuente: Schalock, R. L. y Verdugo, M. A (2010) *Siglo Cero, 41*(4), p.17.

Desde esta perspectiva interaccionista, se identifican tres elementos que se encuentran en estrecha relación: las habilidades del individuo (*funcionamiento intelectual, conducta adaptativa, salud*) en relación a los distintos entornos en los que participa habitualmente, las posibilidades de *participación* funcional en estos entornos, y la adecuación del conjunto de apoyos y respuestas que las personas con las que la persona con DI interactúa pueden ofrecer en el *contexto* en el que vive (Antequera et al., 2008, p.9).

Nos encontramos, por tanto, ante un enfoque de la discapacidad intelectual desde una perspectiva multidimensional, que deja atrás sistemas de clasificación que contemplen únicamente como criterio bien la etiología de la discapacidad, bien medidas de inteligencia o conducta adaptativa exclusivamente, para centrarnos en las 5 dimensiones expuestas (funcionamiento intelectual, conducta adaptativa, salud, contexto e interacciones, participación y roles sociales) sin olvidar la necesidad de tener en cuenta y desarrollar una perfil de los apoyos necesarios.

Los apoyos, lejos de referirse exclusivamente a servicios profesionalizados, son entendidos como "recursos y estrategias que pretenden promover el desarrollo, la educación, los intereses y el bienestar de una persona y que mejoran el funcionamiento individual" (Luckasson et al., 2002, p. 145). Las personas con DI constituyen un grupo muy heterogéneo, por tanto, sus necesidades de apoyo no deben ser entendidas de manera genérica, sino que se debe atender a las necesidades individuales de cada persona, en base a su situación y sus características particulares. Esas necesidades de apoyo no son exclusivamente una consecuencia de las limitaciones en la capacidad humana, sino que pueden derivarse también del contexto en el que la persona se encuentra, siendo detectadas a partir de la información aportada por la propia persona o por aquellos que la conocen bien (i.e., padres, profesores, tutores, compañeros y otros) (Thompson et al., 2002, 2004).

La necesidad de elaborar un *perfil individualizado de apoyos* ha dado lugar a la necesidad de elaborar nuevos instrumentos de evaluación que permitan identificar cómo podemos proporcionar apoyos a la persona en cada aspecto relevante de su vida como paso previo a la planificación individualizada de los mismos. En respuesta a esta demanda, la escala de intensidad de apoyos SIS (Supports Intensity Scale), adaptada al contexto español por Verdugo, Arias e Ibánez (2007), se desarrolló como un instrumento capaz de medir de forma precisa las necesidades de apoyo de las PDI adultas, aportando una visión completa y desglosada de las necesidades de apoyo de la persona evaluada en nueve áreas (Thomson et al., 2002): desarrollo humano, enseñanza y educación, vida en el hogar, vida en comunidad, salud y seguridad, conductual, social, protección y defensa.

En función de la intensidad y asiduidad de los apoyos que la persona con DI precise en cada una de las áreas mencionadas, la escala SIS nos permite distinguir entre: (a) *apoyo intermitente*, apoyos que, ya sean de mayor o menor intensidad, sólo son requeridos en momentos críticos y/o puntuales y se solicitan exclusivamente "cuando es necesario"; (b) los *apoyos limitados* que son precisos durante un tiempo determinado (ej. momentos de transición); (c) en tercer lugar, se entiende por *apoyo extenso* aquel que se mantiene en el tiempo de forma regular en actividades de la vida diaria en algún entorno como el hogar o el trabajo; y por último, (d) el *apoyo generalizado* hace referencia a apoyos a largo plazo, pudiendo ser durante todo el ciclo vital, de alta intensidad y requeridos en la mayoría de los entornos (Tamarit, 2005).

La escala SIS se ha convertido en el instrumento clave para el desarrollo de planes individuales por parte de las organizaciones profesionales y sociales que prestan apoyos y servicios a las personas con DI. No es de extrañar si tenemos en cuenta que evaluar los apoyos que las personas con DI necesitan para desenvolverse con independencia en la comunidad se relaciona con el ejercicio de sus derechos de acuerdo a lo reflejado en la Convención de Naciones Unidas (ONU, 2006). La participación en la comunidad resulta esencial para tener una vida de calidad que responda a los propios intereses y deseos, y para ello los apoyos individualizados constituyen el puente esencial que permite mejorar la calidad de vida (Van Loon, 2006).

## Apoyos, calidad de vida y planificación centrada en la persona

El paradigma de apoyos desempeña un papel esencial en el modelo de calidad de vida propuesto por Schalock y Verdugo (2002, 2007, 2012). Los apoyos se conciben dentro de este modelo como estrategia esencial para mejorar resultados personales e incrementar la calidad de vida de las personas con DI desde una perspectiva de planificación centrada en la persona. Ahora bien *¿qué entendemos por calidad de vida? ¿qué significa planificación centrada en la persona?*

Schalock y Verdugo (Schalock y Verdugo, 2002, 2007, 2012) conceptualizan o definen la calidad de vida individual como un estado deseado de bienestar personal que: (a) es multidimensional (está formada por ocho dimensiones fundamentales: bienestar emocional, relaciones interpersonales, bienestar material, desarrollo personal, bienestar físico, autodeterminación, inclusión social y derechos); (b) tiene propiedades universales y ligadas a la cultura; (c) tiene componentes objetivos y subjetivos; y (d) está influenciado por características personales y factores ambientales. El concepto de calidad de vida hace referencia así al grado en que las personas tienen experiencias vitales que valoran, refleja las dimensiones que contribuyen a una vida plena e interconectada, tiene en cuenta el contexto así como ambientes sociales y culturales que son importantes para las personas, e incluye experiencias humanas comunes y experiencias vitales únicas.

Son muchas las prácticas (Confederación Española de Organizaciones en favor de las Personas con Discapacidad Intelectual, 2008, 2011; Mata y Carratalá, 2007) que, en base a una evaluación rigurosa de las necesidades de personas con DI a partir de instrumentos como la SIS, han puesto en marcha sistemas de apoyo que han dado lugar a una mejora significativa de su calidad de vida. Ahora bien, dado que entendemos la calidad de vida como un estado de bienestar subjetivo, no vale el 'café para todos'. El sistema de apoyos que pongamos en marcha para mejorar la calidad de vida de *cada* persona requerirá que, para *cada* una de ellas, identifiquemos metas y experiencias vitales deseadas. Aquí es donde entra el concepto de *Planificación Centrada en la Persona* (PCP), planificación concebida como: un proceso continuo de colaboración para ayudar a las personas con DI a acceder a los apoyos y servicios que necesitan para alcanzar una mayor calidad de vida basada en sus propias preferencias y valores. Mediante la PCP la organización se compromete a proporcionar las condiciones necesarias para que cada persona disponga de un grupo de apoyo que le ayude a ser el protagonista de su vida, poniendo los medios necesarios para que las cosas deseables para la persona sucedan de verdad, poniendo en marcha un plan para la consecución de las mismas (Mata y Carratalá, 2007).

Lejos de la prestación de servicios tradicional en la que en función de las características o edad del individuo este es derivado a uno u otro servicio (centro ocupacional centro especial de empleo, centro de día, etc.), dentro de este proceso de planificación, la persona con DI adquiere el rol de protagonista de su vida, fomentando su autodeterminación, entendida como: "aquellas actividades y habilidades que una persona requiere para poder actuar como agente causal primario de su propia vida, así como para hacer elecciones y tomar decisiones que atañen a su calidad de vida personal sin ningún tipo de influencia o interferencia externa innecesaria" (Wehmeyer ,1992)

La PCP evita por tanto que la persona con DI se convierta en un mero espectador de su vida lo que para una organización implica pasar de un paradigma asistencial a un paradigma de pertenencia comunitaria en el que los profesionales apoyan (!y también aprenden!) en interacción constante con la persona con DI y la comunidad.

En este proceso de planificación centrada en la persona, familiares y profesionales adquieren un rol secundario, actuando como facilitadores o formando parte del grupo de apoyo que ayudará a la persona con DI a alcanzar sus metas y deseos, proporcionando los apoyos que sean precisos y buscando alianzas en la comunidad.

El facilitador es la persona capaz de funcionar como defensor, amigo, guía de un grupo de personas interesadas en ayudar a la persona con DI en su proceso de planificación personal e identificación de metas deseadas. Determina, junto con la persona con DI el grupo de personas relevantes que constituirán el grupo de apoyo.

El grupo de apoyo está formado por las 3 ó 4 personas más relevantes para la persona con DI. Mantienen un rol de apoyo horizontal y sus funciones serán animar la participación de la persona con DI haciendo que tome el protagonismo del proceso de planificación, identificando sus metas y sueños; trabajando a partir de las capacidades de la persona que faciliten el logro de dichas metas. Los pasos del proceso de planificación centrada en la persona pueden consultarse en Mata y Carratalá (2007).

Como comentábamos al inicio de este apartado, los apoyos planificados en coherencia con los principios de la planificación centrada en la persona redundan en la consecución de una vida de calidad para las personas con discapacidad intelectual. Ahora bien *¿Cómo podemos determinar que, efectivamente, se ha producido una mejora en ese estado de bienestar subjetivo al que hacemos referencia con el término 'calidad de vida'?*

Gracias a los esfuerzos de distintos investigadores, se han desarrollado sobre la base del marco conceptual de ocho dimensiones propuesto por Schalock y Verdugo (2002, 2007, 2012) varios instrumentos de evaluación que han sido ampliamente utilizados por los profesionales del ámbito de los servicios sociales en nuestro país con el objetivo de desarrollar prácticas basadas en la evidencia que demuestren, con datos, si el proceso de PCP realmente está redundando en una mejora de la calidad de vida de la persona con DI.

Entre tales instrumentos destacan: (a) la Escala GENCAT (Verdugo, Arias, Gómez y Schalock, 2008a, 2008b, 2009), un instrumento de evaluación objetiva de la calidad de vida de personas usuarias de servicios sociales (por evaluación objetiva entendemos una evaluación realizada por 'proxies' o terceras personas que conocen en profundidad a la persona con DI quien, por dificultades comunicativas o de otra índole no puede responder a las preguntas que contiene la escala de primera mano); (b) la Escala FUMAT (Verdugo, Gómez, Arias y Navas, 2008), un instrumento de evaluación objetiva de la calidad de vida dirigido a personas mayores y con discapacidad; (c) la Escala INTEGRAL (Verdugo, Gómez y Arias, 2007), instrumento de evaluación objetiva y subjetiva (incorpora la información directamente proporcionada por la persona con DI) dirigido a personas adultas con discapacidades intelectuales y del desarrollo; (d) la Escala INICO-FEAPS (Verdugo et al., 2013) que permite la evaluación multidimensional de la calidad de vida y el estudio de la relación entre la evaluación realizada por otras personas (e.g., profesionales, familiares, tutores legales, amigos cercanos) y la realizada por la propia persona con discapacidad intelectual o del desarrollo adulta; (e) la Escala San Martín de evaluación de la calidad de vida en personas con discapacidades significativas o grandes necesidades de apoyo (Verdugo et al., 2014); (f) o la Escala Kidslife (Gómez et al., 2016) que posibilita la evaluación de resultados personales relacionados con la calidad de vida de niños/as y adolescentes con discapacidad intelectual entre 4 y 21 años.

El empleo de estos instrumentos de evaluación tras el proceso de implementación de la PCP nos permitirá establecer si esta metodología ha sido eficaz en el logro de su principal objetivo: la mejora de la calidad de vida de la persona con DI. Asimismo, el empleo de la SIS durante todo el proceso de PCP nos permitirá monitorizar el grado en que la intensidad de los apoyos requeridos por la persona se mantiene estable o disminuye, pudiendo, en función de los resultados obtenidos, establecer estrategias para el logro y desarrollo de un mayor número de apoyos naturales o reducir estos últimos.

Sin duda alguna los cambios en el modo de comprender la discapacidad intelectual, la implantación de metodologías como la PCP, y la adopción de objetivos de trabajo y prestación de servicios que se traduzcan en la mejora de la calidad de vida de las personas con DI y sus familias, están introduciendo cambios importantes en el entorno más inmediato del individuo (microsistema) así como en el trabajo de las organizaciones (mesosistema). Ahora bien, sigue siendo necesario que esta nueva concepción de la discapacidad intelectual sea traslada a la política social (macrosistema).

Así, son muchos los frentes en los que aún tenemos que luchar para que la planificación de apoyos individuales y la mejora de la calidad de vida se conviertan en líneas prioritarias de actuación. Uno de ellos es el educativo. Señala Echeita (2015) que las políticas de equidad, inclusión y atención a la diversidad todavía no constituyen ejes nucleares de nuestro sistema educativo. Por ejemplo, si bien la escolarización en centros ordinarios constituye un derecho recogido en el Artículo 24 de la Convención de Naciones Unidas sobre los Derechos de las Personas con Discapacidad (Naciones Unidas, 2006), aún un 20% de alumnos con necesidades educativas especiales –la mayor parte de ellos con discapacidad intelectual y severos trastornos del desarrollo– permanecen escolarizados en centros de educación especial de acuerdo a las estadísticas del INE correspondientes al curso 2013-2014.

Otro de los ámbitos en los que la planificación de apoyos orientada a la mejora de resultados personales sigue presentando dificultades es el de la transición a la vida adulta y el acceso al empleo. Según estimaciones de la Asociación FEAPS para el Empleo, más de un 60% de las personas que tienen discapacidad intelectual y que están en condiciones de trabajar se encuentra en situación de desempleo. La investigación sugiere que la posibilidad de que los jóvenes con discapacidad intelectual participen en su propio proceso de transición a la vida adulta se multiplica por trece cuando existe un mayor nivel de habilidades adaptativas. Este mejor desempeño en determinadas habilidades adaptativas también influye en su empleabilidad, siendo seis veces más probable que encuentren un trabajo después de la educación secundaria (Papay, 2011). Se deduce, por tanto, la necesidad de trabajar con la persona en su comunidad, pues ésta constituye el mejor escenario para el desarrollo y puesta en marcha de este tipo de habilidades. La planificación centrada en la persona puede ayudarnos en la consecución de tan ansiada meta.

Tenemos por delante otros muchos retos y líneas de investigación apasionantes, por ejemplo el envejecimiento de este colectivo. En lo que al colectivo específico de personas con síndrome de Down se refiere, mientras que hace unas décadas la expectativa de vida de estas personas era inferior a los 20 años; en la actualidad se encuentra en torno a los 50-60 años, habiendo incrementado en más de un 400% desde 1960 al 2007 (Presson et al., 2013). Este hecho ha dado lugar a la aparición de nuevas necesidades que ya empiezan a ser objeto de investigación, tales como: las necesidades de aquellas familias ya mayores cuyos miembros con discapacidad también se encuentra en proceso de envejecimiento (Rodríguez-Aguilella, Verdugo y Sánchez, 2008); la identificación (y el desarrollo de instrumentos de evaluación para llevar a cabo esta tarea) de condiciones médicas asociadas al proceso de envejecimiento que comienzan a aparecer en la población con discapacidad intelectual como la enfermedad de Alzheimer (Ball et al., 2006) la prestación de apoyos a aquellas personas con discapacidad intelectual, que encontrándose en el mercado laboral han de enfrentarse al proceso de jubilación, y tantos otros.

Queda mucho trabajo por hacer, pero la complejidad de estos retos, si bien pudiera afectar a los plazos de consecución de nuestros objetivos, no debiera alterar la naturaleza de nuestras metas, que en el caso de las personas con DI debiera descansar sobre los principios de inclusión y planificación centrada en la persona.

## REFERENCIAS BIBLIOGRÁFICAS


ANTEQUERA, M., BACHILLER, B., CALDERÓN, M.T., CRUZ, A., CRUZ, P.L., GARCÍA, F.J.,... ORTEGA, R. (2008). *Manual de Atención al alumnado con necesidades específicas de apoyo educativo derivadas de discapacidad intelectual.* Junta de Andalucía.

BALL, S. L., HOLLAND, A. J., HON, J., HUPPERT, F. A., TREPPNER, P. y WATSON, P. C. (2006). Personality and behaviour changes mark the early stages of Alzheimer's disease in adults with Down's syndrome: findings from a prospective population-based study. *International Journal of Geriatric Psychiatry, 21*(7), 661-673.

CONFEDERACIÓN ESPAÑOLA DE ORGANIZACIONES EN FAVOR DE LAS PERSONAS CON DISCAPACIDADINTELECTUAL (2008). *Cada persona un compromiso. Buenas prácticas de calidad FEAPS (IV).* Madrid: FEAPS.

*CONFEDERACIÓN* ESPAÑOLA DE ORGANIZACIONES EN FAVOR DE LAS PERSONAS CON DISCAPACIDAD INTELECTUAL (2011). *10 años comprometidos con la excelencia. Buenas Prácticas de Calidad FEAPS (V).* Madrid: FEAPS.

ECHEITA, G. (2015) ¡ Que 30 años no es nada¡ El proceso de inclusión educativa en España del alumnado considerado con necesidades educativas especiales."Quien bien te quiere te hará llorar" Recuperado de http://cdjornadas-inico.usal.es/docs/383.pdf

EJEA, C., y SARABIA, A. (2004). Visión y modelos conceptuales de la discapacidad. *Polibea, 73,* 1-20.

GÓMEZ, L. E., ARIAS, B., VERDUGO, M. A., ALCEDO, M. A., ARIAS, V., MONSALVE, A. y FONTANIL, Y. (2016). Escala KidsLife. Manual de aplicación. *Salamanca: INICO.*

LUCKASSON, R., BORTHWICK-DUFFY, S., BUNTINX, W.H.E., COULTER, D.L., CRAIG, E.M., REEVE, A., ... TASSE, M.J. (2002). *Mental retardation: Definition, Classification, and Systems of Supports (*10 th ed.). Washington D.C.: American Association on Mental Retardation.

MATA, G. y CARRATALÁ, A. (2007). *Planificación Centrada en la Persona. Experiencia de la Fundación San Francisco de Borja para personas con discapacidad intelectual.* Madrid: FEAPS.

MIRÓN, J. A., ALONSO, M., SERRANO, A., y SAÉNZ, M. A (2008). Calidad de vida relacionada con la salud en personas con discapacidad intelectual en España. *Revista Panamericana de Salud Pública,* 24(5) 336–344.

NAVAS, P., VERDUGO, M. A. y GÓMEZ, L. E. (2008). Diagnóstico y clasificación en discapacidad intelectual. *Intervención Psicosocial, 17*(2), 143-152.

ORGANIZACIÓN DE LAS NACIONES UNIDAS (2006). *Convención Internacional sobre los derechos de las personas con discapacidad.* Recuperado de http://www.un.org/spanish/disabilities/default.asp?navid=12&pid=497

PAPAY, C. K. (2011). *Best practices in transition to adult life for youth with intellectual disabilities: A national perspective using the national longitudinal transition study-2.* Recuperado de http://preserve.lehigh.edu/cgi/viewcontent.cgi?article=2128&context=etd

PRESSON, A. P., PARTYKA, G., JENSEN, K. M., DEVINE, O. J., RASMUSSEN, S. A., MCCABE, L. L. y MCCABE, E. R. (2013). Current estimate of Down syndrome population prevalence in the United States. *The Journal of pediatrics, 163*(4), 1163-1168.

RODRÍGUEZ-AGUILELLA, A., VERDUGO, M. A. y SÁNCHEZ, M. (2008). Calidad de vida familiar y apoyos para los progenitores de personas con discapacidad intelectual en proceso de envejecimiento. *Siglo Cero, 39*(3), 19-34.

SCHALOCK, R. L., BORTHWICK-DUFFY, S., BRADLEY, V., BUNTINX, W.H., COULTER, D.L., CRAIG, E.M., ... YEAGER, M.H (2010) *Intellectual disability. Definition, Classification, and Systems of Supports (*11 ed.). Washington D.C.: American Association of Intellectual and Development Disabilities.

SCHALOCK, R. L. y VERDUGO, M.A. (2002) The concept of quality of life in human services. A handbook for human service practitioners. Washington, DC: American Association on Mental Retardation. [Traducción al castellano: *Calidad de vida. Manual para profesionales de la educación, salud y servicios sociales*. (M. A. Verdugo y C. Jenaro) Madrid: Alianza, 2003.]

SCHALOCK, R.L. y VERDUGO, M.A. (2007). El concepto de calidad de vida en los servicios y apoyos para personas con discapacidad intelectual. *Siglo Cero, 38*(4), 21-36.

SCHALOCK R.L. y VERDUGO M.A. (2012). *A leadership guide to redefining intellectual and developmental disabilities organizations: eight successful change strategies*. Baltimore, MD: Brookes.

TAMARIT, J. (2005). Discapacidad intelectual. En M. G. Milla y F. Mulas (Coord): *Manual de atención temprana* (pag. 663-682). Valencia: Ed. Promolibro

THOMPSON, J. R., Bryant, B., Campbell, E. M., Craig, E. M., Hughes, C., Rotholz, D. A. et al. (2004). *Supports Intensity Scale user's manual*. Washington, DC: American Association on Mental Retardation.

THOMPSON, J. R., HUGHES, C., SCHALOCK, R. L., SILVERMAN, W., TASSÉ, M. J., BRYANT, B. et al. (2002). *Integrating supports in assessment and planning. Mental Retardation, 40* (5), 390-405.

VAN LOON, J. (2006). Los apoyos en Arduin. Sobre la diversas facetas de los apoyos y la implementación de la escala SIS en una organización de servicios. *Siglo Cero, 37(4), 17-34.*

VERDUGO, M.A. (2003) Análisis de la definición de discapacidad intelectual de la Asociación Americana sobre retraso mental de 2002. *Siglo Cero,* 34 (205), 5-19.

VERDUGO, M. A., Arias, B., Gómez L. E. y Schalock, R. L. (2008a). *Formulari de l'escala Gencat de qualitat de vida. Manual d'aplicació de l'escala Gencat de qualitat de vida.* Barcelona: Departamento de Acción Social y Ciudadanía, Generalitat de Cataluña.

VERDUGO, M. A., ARIAS, B., GÓMEZ L. E. y SCHALOCK, R. L. (2008b). *Escala Gencat. Informe sobre la creació d'una escala multidimensional per avaluar la qualitat de vida de les persones usuàries dels serveis socials a Catalunya*. Barcelona: Departamento de Acción Social y Ciudadanía, Generalitat de Cataluña.

VERDUGO, M. A., ARIAS, B., GÓMEZ L. E. y SCHALOCK, R. L. (2009). *Formulario de la Escala GENCAT de Calidad de vida. Manual de aplicación de la Escala GENCAT de Calidad de vida.* Barcelona: Departamento de Acción Social y Ciudadanía, Generalitat de Cataluña.

VERDUGO, M. A., ARIAS, B. e IBÁÑEZ, A. (2007). *SIS. Escala de Intensidad de Apoyos. Manual. Adaptación española.* Madrid: TEA.

VERDUGO, M.A., GÓMEZ, L., ARIAS, B. (2007). La Escala Integral de Calidad de Vida. Desarrollo y estudio preliminar de sus propiedades psicométricas. *Siglo Cero, 38* (4), 37-56.

VERDUGO, M.A., GÓMEZ, L. E., ARIAS, B., y NAVAS, P. (2008). Evaluación de la calidad de vida en personas mayores y con discapacidad: la Escala FUMAT. *Intervención Psicosocial, 17*(2), 189-199.

VERDUGO, M. A., GÓMEZ, L. E., ARIAS, B., SANTAMARÍA, M., CLAVERO, D. y TAMARIT, J. (2013). *Escala INICO-FEAPS. Evaluación integral de la calidad de vida de personas con discapacidad intelectual o del desarrollo.* Salamanca: INICO

VERDUGO, M. A., GÓMEZ, L. E., ARIAS, B., SANTAMARÍA, M., NAVALLAS, E., FERNÁNDEZ, S., y HIERRO, I. (2014). *Escala San Martín. Evaluación de la calidad de vida de personas con discapacidades significativas.* Salamanca: INICO

WEHMEYER, M. L. (1992). Self-determination and the education of students with mental retardation. *Education and Training in mental Retardation*, 302-314.

# EL PATRIMONIO PROTEGIDO DE LAS PERSONAS CON DIVERSIDAD FUNCIONAL. SU TRATAMIENTO EN EL IMPUESTO SOBRE LA RENTA DE LAS PERSONAS FÍSICAS

ROSA GALAPERO FLORES
*Profesora Titular de Derecho Financiero y Tributario*
*Universidad de Extremadura*

## 1. INTRODUCCIÓN. NOCIONES SOBRE LA CONSTITUCIÓN Y OTRAS CUESTIONES RELATIVAS AL PATRIMONIO PROTEGIDO

El estudio del tratamiento fiscal del patrimonio protegido nos lleva a tener que introducir la materia teniendo como referente normativo la ley reguladora de este instrumento económico, la Ley 41/2003, de 18 de noviembre, de protección patrimonial de las personas con discapacidad y de modificación del Código Civil, de la Ley de Enjuiciamiento Civil y de la normativa tributaria con esta finalidad.

Si bien el patrimonio protegido cuenta con diversos beneficios fiscales en los distintos impuestos del sistema impositivo español, nosotros vamos a dedicarnos al tratamiento fiscal de esta institución jurídica en el Impuesto sobre la Renta de las Personas Físicas, puesto que se trata de un tributo de entre cuyas características se encuentra el de ser un impuesto subjetivo, esto es, y como por todos es conocido, a la hora de determinar el gravamen del contribuyente, se tienen en cuenta sus circunstancias personales y familiares.

El origen del patrimonio protegido se encuentra en la Ley 41/2003, de 18 de noviembre, de protección patrimonial de las personas con discapacidad y de modificación del Código Civil, de la Ley de Enjuiciamiento Civil y de la Normativa Tributaria con esta finalidad que en su art. 1.1 establece:

> "Favorecer la aportación a título gratuito de bienes y derechos al patrimonio de las personas con discapacidad y establecer mecanismos adecuados para garantizar la afección de tales bienes y derechos, así como de los frutos, productos y rendimientos de éstos, a la satisfacción de las necesidades vitales de sus titulares".

Como ya sabemos, el patrimonio protegido es una masa patrimonial, un conjunto de bienes y derechos que tienen un destino, una finalidad específica, las aportaciones que lo integran están dirigidas a satisfacer las necesidades vitales de sus titulares. Esta finalidad consiste en permitir la designación de unos bienes y derecho determinados para que con ellos, y con los beneficios que se deriven de su administración, se haga frente a las necesidades vitales ordinarias y extraordinarias de la persona con discapacidad.

Estos bienes y derechos deben tener valor económico, por tanto puede ser dinero, títulos, acciones, emisiones de deuda pública, obligaciones, seguros, rentas vitalicias o temporales, joyas, obras de arte, bienes inmuebles urbanos, rústicos, usufructos, y cualquier otro derecho con contenido patrimonial. Tienen su origen en aportaciones voluntarias que deseen realizar los familiares más directos de la persona discapacitada.

Los beneficiarios de este patrimonio serán exclusivamente las personas con discapacidad con unas determinados grados de minusvalía, con independencia de que concurran o no en ellas las causas de incapacitación judicial contempladas en el artículo 200 del Código Civil y de que, concurriendo, tales personas hayan sido o no judicialmente incapacitadas.

Una vez constituido queda directamente vinculado y con carácter inmediato a la satisfacción de las necesidades, y sujeto a un régimen de administración específico y que garantice su buen uso.

De todos los instrumentos de los que disponen las familias para garantizar una protección económica a las personas con discapacidad, el patrimonio protegido (o especialmente protegido, ambas expresiones se utilizan normativamente) es uno de los que mejor pueden cumplir con tal finalidad.

Sin embargo, la regulación jurídico-civil (es decir el régimen de constitución, aportaciones, administración, extinción, etc.) y jurídico-tributaria (los tributos que deben pagarse por las distintas operaciones que se realicen en relación con el mismo y los beneficios fiscales aplicables) distan bastante de ser claras. Tal circunstancia, esto es, la falta de claridad del régimen jurídico que le es aplicable hace que no sean muchos los patrimonios protegidos constituidos a favor de personas con discapacidad.

La Ley de Protección Patrimonial configuró el patrimonio protegido como una estructura que incentiva con beneficios fiscales la realización de donaciones a la persona discapacitada, y nosotros entendemos con GUERRA REGUERA[1]: "Que esta institución es más que eso. Al patrimonio protegido le han confeccionado un ropaje jurídico que le viene pequeño, y así es complicado que pueda desenvolverse con eficacia. El patrimonio protegido debe abandonar su actual e insuficiente configuración jurídica que lo deja reducido a una parte del patrimonio personal de un discapacitado, y adoptar un modelo inspirado en las fundaciones, esto es, una organización con personalidad jurídica propia y titular de un patrimonio que queda al servicio de un fin. De este modo, sin necesidad de

1 "Los patrimonios protegidos. Un instrumento al servicio de las personas con discapacidad y sus familias", *Revista Quincena Fiscal*, nº 14-2015, Aranzadi (BIB 2015/2776).

declarar inembargables los bienes o revocables las donaciones de los familiares –alternativas muy difíciles de implantar–, las aportaciones, de forma natural, quedarían a salvo de las deudas de la persona discapacitada ya que el titular de ese patrimonio sería la propia organización, es decir, el patrimonio protegido, cuya personalidad jurídica sería diferente de la identidad de la persona discapacitada y no tendría por qué responder de sus deudas".

### *1.1. Concepto y caracteres*

Vamos a tomar de referencia para la redacción de este epígrafe y los siguientes el trabajo de LUCAS DURÁN y MARTÍN DÉGANO[2], quienes ha realizado un detallado estudio sobre el patrimonio protegido y su regulación jurídico tributaria. La Ley de Protección Patrimonial no ofrece un concepto de este instrumento pero, ciertamente, su significado puede deducirse de dicha norma. El patrimonio protegido es una masa de bienes y derechos que queda inmediata y directamente vinculada a la satisfacción de las necesidades vitales de su titular o beneficiario: la persona con discapacidad severa.

En nuestra opinión el concepto jurídico indeterminado "necesidad vital" de la persona con discapacidad no debe tener un sentido excesivamente estricto que sólo cubra las prestaciones de primera necesidad (restringidas a la comida, alojamiento y vestido). De hecho, si se siguiera fielmente tal opción sólo deberían entenderse las prestaciones alimenticias "básicas", pues sin duda existen ciertos gastos de manutención, alojamiento y vestido que, por su coste elevado, difícilmente podrían considerar-se una necesidad vital. Siendo ello así, habría que establecer (normativa o jurisprudencialmente) una determinada cuantía superada la cual no podría entenderse que se están cubriendo gastos vitales. En definitiva, si se fuese

2 "Los patrimonios protegidos de personas con discapacidad y su fiscalidad", *Documento nº 4/2014*, Instituto de Estudios Fiscales, Madrid, 2014.

consecuente con esta interpretación se complicaría en exceso la administración de los patrimonios protegidos, pues sin duda existirán posturas diversas sobre el montante que habría de considerarse "normal", el cual habría de ser determinado, hoy en día, por los jueces y tribunales a falta de una concreción normativa.

Estimamos que la integración social de las personas con discapacidad síquica o con un grado de discapacidad física tan elevado como el que requiere la Ley de Protección Patrimonial es un objetivo igual de imprescindible que su mero sustento vital. De hecho, el art. 49 de la Constitución hace referencia a la integración de las personas con discapacidad al mismo tiempo que a su rehabilitación y tratamiento. En consecuencia, la LPP debe contemplar y amparar esas otras necesidades. Por ello, consideramos que junto con las necesidades vitales básicas para la estricta subsistencia (comida, alojamiento y vestido), existen otras sociales tan importantes o más que aquellas, como podrían ser el ocio, la relación con semejantes, el propio desarrollo personal, etc. Ello es así porque parece lógico entender que debe tutelarse una adecuada salud mental de la persona que no podría lograrse sin cubrir las necesidades sociales antes referidas, máxime cuando en los casos de discapacidad severa que contempla la Ley de Protección Patrimonial las limitaciones físicas o síquicas pueden impedir una adecuada relación de la persona con su entorno social.

Partiendo de este concepto amplio de "necesidad vital" pensamos que se puede establecer otro criterio para determinar si resulta o no vital en cada caso concreto un determinado gasto. En este sentido, creemos que debe plantearse si el consumo realizado para cubrir esa necesidad resulta adecuado o no en función de su cuantía. En nuestra opinión, los patrimonios protegidos deben ser administrados de tal forma que permitan a la persona con discapacidad tener garantizadas las necesidades vitales (en sentido amplio) presentes y futuras, en función de la cuantía de la masa patrimonial afecta a tal fin. Esto es, llevando la diligencia de "un buen padre de familia" que exige nuestro Código Civil (cfr. arts. 1094, 1104.2, 1903 in fine). Nos parece lógico considerar –dada la indeterminación deliberada del término "necesidades vitales"– que si el patrimonio protegido está dotado de elevadas cuantías no será preciso ser tan austero en la administración del mismo como cuando tal masa patrimonial es realmente exigua. De hecho, las necesidades entre personas de distintas fortunas tienden a diferir y ello mismo debe ser una cuestión que habrá de tomarse en cuenta en la gestión del instituto que ahora examinamos.

Lo que se debe perseguir es que la gestión del patrimonio protegido permita una administración sostenible de los recursos del mismo. En definitiva, que sirva para los gastos personales (y en este sentido "vitales", esto es, los que sirvan para llevar una vida personal adecuada a su fortuna) del titular del patrimonio, con una cierta vocación de buena administración. Evitando gastos en exceso estrafalarios e inadecuados (términos que deberán decidirse en último extremo por el Juez), todos los que estando proporcionados con la cuantía del patrimonio protegido sirvan para garantizar el desarrollo personal de las personas con discapacidad no deberían entenderse prohibidos por la Ley de Protección Patrimonial en cuanto que ajenos a sus necesidades vitales[3].

### *1.2. Constitución de patrimonios protegidos y aportaciones a los mismos*

La constitución del patrimonio protegido se regula en los artículos 2, 3 y 4 Ley de Protección Patrimonial. Tales preceptos se refieren, en primer lugar, a un ámbito subjetivo, esto es, aluden básicamente a los titulares o beneficiarios del mismo (que son personas que tienen una discapacidad psíquica igual o

---

[3] Véase LUCAS DURÁN y MARTÍN DÉGANO, "Los patrimonios protegidos de personas con discapacidad y su fiscalidad", ob. cit.

superior al 33 por ciento o física o sensorial igual o superior al 65 por ciento) y, por otro lado, a las personas que pueden constituirlos y aportar bienes (la propia persona con discapacidad, sus familiares próximos y otras personas con interés legítimo).

Más interés tiene el ámbito objetivo en lo que concierne al patrimonio protegido (esto es, la regulación de los bienes y derechos que pueden o no aportarse). La Ley de Protección Patrimonial no dedica artículo alguno a los elementos que deben componer el patrimonio protegido. En consecuencia no parece que existan grandes limitaciones al respecto más allá de las que se señalarán inmediatamente, pudiendo integrarlo toda clase de bienes, sean dinerarios o no, y derechos. Esto constituye una importante novedad respecto de los instrumentos que habían sido utilizados hasta la aprobación de la Ley de Protección Patrimonial para la protección patrimonial de las personas con discapacidad: los sistemas de previsión social (planes de pensiones, mutualidades, planes de previsión asegurados y planes de previsión social empresarial) y los contratos de seguros. En ambos supuestos la única posibilidad era, y sigue siendo, realizar aportaciones monetarias.

No obstante, la Ley de Protección Patrimonial contiene normas que limitan de manera directa los elementos patrimoniales que pueden aportarse. Como ya hemos mencionado estos bienes y derechos deben estar afectos a la satisfacción de las necesidades vitales de la persona con discapacidad (art. 1.1 LPP), debiendo ser adecuados y suficientes para cumplir con esa finalidad (art. 3.2 LPP).

La adecuación a tal fin se produce en todo caso cuando los bienes y derechos son capaces de producir rentas, es decir, son bienes fructíferos o bienes que proporcionan una utilidad de uso. Entendemos que pueden integrar patrimonios protegidos cualquier tipo de bien con contenido económico, puesto que el patrimonio protegido es un instrumento económico al servicio de atender las necesidades vitales de su titular.

### 1.3. Gestión de los patrimonios protegidos

En lo que respecta a la gestión y administración del patrimonio protegido, tales funciones vendrán reguladas por el documento constituyente y por las normas imperativas contenidas en el artículo 5 de la Ley de Protección Patrimonial. Cualquiera que sean las reglas de administración contenidas en el documento de constitución del patrimonio protegido deben estar orientadas al cumplimiento de la finalidad principal del mismo: la satisfacción de las necesidades vitales de la persona con discapacidad. En nuestra opinión, cumplir con esta obligación plantea un doble problema de prueba. En primer lugar, determinar si lo que se está sufragando son o no "necesidades vitales".

En 2009 se reformó el régimen jurídico de los patrimonios protegidos por la Ley 1/2009, de 25 de marzo. Esta norma añade el siguiente párrafo al número 2 del artículo 5 de la Ley 41/2003, de 18 de noviembre, de Protección Patrimonial de las Personas con Discapacidad. Los términos de este precepto son los siguientes:

> «En todo caso, y en consonancia con la finalidad propia de los patrimonios protegidos de satisfacción de las necesidades vitales de sus titulares, con los mismos bienes y derechos en él integrados, así como con sus frutos, productos y rendimientos, no se considerarán actos de disposición el gasto de dinero y el consumo de bienes fungibles integrados en el patrimonio protegido , cuando se hagan para atender las necesidades vitales de la persona beneficiaria».

Esta norma significa que el dinero y los bienes aportados al patrimonio protegido son indisponibles durante el plazo señalado, pero la utilización del dinero y el consumo de los bienes integrados en el mismo para atender las necesidades vitales de su titular no se considera un acto de disposición. Como el artículo 54 de la Ley del Impuesto sobre la Renta la obligatoriedad de regularizar las aportaciones cuando se realice un acto de disposición, no será preciso regularizar nada cuando se atiendan necesidades vitales del titular porque esa forma de actuar no supone acto de disposición alguno.

### *1.4. La extinción de los patrimonios protegidos*

El art. 6 LPP establece que el patrimonio protegido se extingue por dos causas:

La primera es la más común de todas, la muerte o declaración de fallecimiento de su beneficiario (conforme a los artículos 193 y 194 del Código Civil).

La segunda resulta excepcional, y consiste en dejar de tener la condición de persona con discapacidad (o, más concretamente, en perder el grado de discapacidad exigido23). Aparte de las dos causas contempladas en el art. 6 de la Ley del Patrimono Protegido, se recoge otro modo de extinción del patrimonio protegido. Así, la exposición de motivos de la Ley del Patrimonio Protegido reconoce una causa de extinción que posteriormente se menciona en el art. 7.1 LPP. Nos estamos refiriendo al "caso especial de que el juez pueda acordar la extinción del mismo cuando así convenga al interés de la persona con discapacidad", a instancia del Ministerio Fiscal. La Ley de Protección Patrimonial no especifica en qué casos puede producirse esta situación ni tampoco es fácil suponerlos. Podría pensarse en una mala gestión patrimonial como una de las hipótesis. Pero, en nuestra opinión, siempre sería mejor una sustitución del administrador que la extinción, salvo que nadie quisiera desempeñar este cargo.

Otra posibilidad sería la falta de bienes y derechos para atender a las necesidades vitales, en cuyo caso podría pensarse que el propio administrador o quien realice la supervisión del patrimonio protegido pueda instar su extinción por tales motivos (inexistencia de bienes que administrar)[4].

## 2. TRATAMIENTO EN EL IMPUESTO SOBRE LA RENTA DE LAS PERSONAS FISICAS DEL PATRIMONIO PROTEGIDO

Hemos de señalar previamente que el Impuesto sobre la renta de las personas Físicas, se recogen varias disposiciones que tienen por finalidad la protección de los discapacitados y de los familiares de las personas con discapacidad mediante el establecimiento de ayudas económicas, en este sentido establece en el artículo 60 de la Ley del Impuesto sobre la Renta el mínimo por familiar discapacitado.

También destacamos la deducción recogida en el artículo 81 bis de la Ley del Impuesto sobre la Renta de las Personas Físicas. En su virtud, los contribuyentes que realicen una actividad por cuenta propia o ajena por la cual estén dados de alta en el régimen correspondiente de la Seguridad Social podrán minorar la cuota del impuesto en 1.200 euros por cada ascendiente o descendiente discapacitado que tenga a su cargo. Esta deducción, cuya similitud con la ya existente por maternidad es manifiesta, ha sido establecida por Ley 26/2014, de 27 de noviembre, y su entrada en vigor ha tenido lugar el 1 de enero de 2015.

El IRPF recoge la existencia de deducciones en la cuota relacionadas con la discapacidad aprobadas por diferentes comunidades autónomas que han puesto sus competencias normativas al servicio de tan noble y plausible fin. Andalucía, Aragón, Asturias, Islas Baleares, Canarias, Cantabria, Castilla-La Mancha, Castilla y León, Cataluña, Extremadura, Galicia,

---

4 Véase LUCAS DURÁN y MARTÍN DÉGANO, "Los patrimonios protegidos de personas con discapacidad y su fiscalidad", ob. cit.

Madrid y Comunidad Valenciana, son comunidades autónomas de régimen general que cuentan con deducciones basadas en la discapacidad de un familiar.

Otro beneficio fiscal es la reducción de la base imponible general del contribuyente con aportaciones a planes de pensiones a favor de parientes con discapacidad. Se regula en el artículo 53 de la Ley del Impuesto sobre la Renta de las Personas Físicas.

Y el establecimiento de beneficios para la institución que va a ser objeto de estudio en este trabajo que presentamos: los patrimonios protegidos. Se trata de un instrumento jurídico de gran interés para personas discapacitadas, que puede reportar importantes beneficios fiscales para sus familiares, pero que no acaba de ser una elección para los familiares del discapacitado.

Entrando en el objeto de nuestro trabajo, el tratamiento fiscal del patrimonio protegido en el Impuesto sobre la Renta de las Personas Físicas, impuesto subjetivo que está obligado a recoger normas que beneficien las circunstancias personales de los contribuyentes.

Las ventajas fiscales se proyectan en dos sentidos, las que afectan al discapacitado titular del patrimonio protegido y las que se refieren a los aportantes legitimados para realizarlas.

## 3. RÉGIMEN TRIBUTARIO APLICABLE A LA PERSONA CON DISCAPACIDAD TITULAR DEL PATRIMONIO PROTEGIDO

En el presente epígrafe analizaremos la tributación de la persona con discapacidad por las aportaciones que recibe en su patrimonio protegido y las rentas que del mismo se derivan.

Puesto que la aportación a un patrimonio protegido no es más que una adquisición a título gratuito lleva a cabo por el titular del patrimonio protegido, y por ser beneficiario de la donación está sujeto al ISD. Para que esto no sucediera, se establece el siguiente esquema de tributación beneficioso para el titular del patrimonio protegido.

La disposición adicional 18 de la Ley 35/2006, de 28 de noviembre, del IRPF, establece que:

> "Cuando los aportantes sean contribuyentes del IRPF, tendrán la consideración de rendimientos del trabajo (para el titular del patrimonio protegido) hasta el importe de 10.000 euros anuales por cada aportante y 24.250 euros anuales en conjunto".

Todo lo que supere el límite anual por aportante o el límite colectivo para el total de familiares que hayan contribuido, debe reconducirse al Impuesto sobre Sucesiones y Donaciones.

Por tanto, hasta estos límites la aportación se considera rendimiento del trabajo, y por encima de los mismos, donación sujeta el ISD.

Para el titular del patrimonio protegido (la persona discapacitada) resulta más provechosos que la aportación se califique como rendimiento del trabajo ya que las rentas que reciban esta consideración se beneficiarán de un primer tramo exento que alcanza una cifra equivalente al resultado de multiplicar por tres el IPREM (indicador público de renta de efecto múltiple). Cuando las aportaciones se consideren sujetas al ISD, no es posible aplicar ninguna exención o beneficio fiscal particular que no se derive de las reglas generales de ese impuesto.

La exención viene recogida en el artículo 7 letra w de la Ley 35/2006, de 28 de noviembre, del IRPF, los rendimientos del trabajo derivados de las prestaciones en forma de renta percibidas por las personas con discapacidad correspondientes a sus sistemas específicos de previsión social y a los rendimientos del trabajo por aportaciones a patrimonios protegidos de personas con discapacidad. Mientras que durante el ejercicio 2014 ambos rendimientos estaban exentos hasta un máximo conjunto de tres veces el IPREM, con efectos para el ejercicio 2015 se fijan límites exentos separados de tres veces el citado Indicador para cada uno de dichos rendimientos.

### *3.1. Aportaciones recibidas*

Las aportaciones recibidas por una persona con discapacidad titular de un patrimonio protegido están sujetas a una compleja fiscalidad, pues en función de su cuantía tributan por el IRPF y, además, pueden hacerlo también por el ISD. Probablemente hubiera sido más sencillo un sistema por el que sólo tributaran en el IRPF o, preferiblemente y por la naturaleza lucrativa de las aportaciones, en el ISD; ello no obstante creemos que, en la actualidad, una modificación en tal sentido podría ocasionar más problemas por defraudar las expectativas de permanencia y estabilidad de este régimen fiscal y la aplicación de un complejo régimen transitorio. A su vez, en ambos impuestos citados se aplican sobre estas rentas distintos beneficios fiscales. Es necesario, por tanto, analizar en primer lugar el gravamen de tales aportaciones en el IRPF del beneficiario para después analizar la tributación, en su caso, de la parte que resulta sujeta al ISD. Adicionalmente es preciso comentar la exoneración prevista en el ITPAJD para las aportaciones a patrimonios protegidos de personas con discapacidad.

### *3.2. Tributación en el IRPF como rendimientos del trabajo personal*

La persona con discapacidad titular de un patrimonio protegido deberá tributar en el IRPF por las aportaciones recibidas en dicho patrimonio, a diferencia de lo que ocurre en los planes de pensiones para este tipo de personas, en los cuales la aportación de terceros al plan no resulta gravada en cabeza de la persona con discapacidad (si bien lo será posteriormente, cuando se cobra la pensión de jubilación). Como hemos indicado anteriormente, se trata de sistemas de previsión distintos en los que la tributación se realiza en momentos diferentes.

A pesar de que dichas aportaciones se han realizado a título gratuito, la disposición adicional decimoctava de la LIRPF considera que el contribuyente con discapacidad ha obtenido un rendimiento del trabajo hasta el importe de 10.000 euros anuales por cada aportante o de 24.250 euros anuales en caso de que hubieran sido varios los aportantes. Se establece, por tanto, la ficción legal de que hasta dicho importe la persona con discapacidad no obtiene una donación sino una renta del trabajo.

Ciertamente, se trata de una previsión normativa un tanto extravagante, cuya explicación se antoja complicada. Podría haberse querido asimilar el régimen de las aportaciones a patrimonios protegidos a la regulación prevista para las aportaciones a planes de pensiones y otros sistemas similares de previsión social, en cuyo caso se difiere la tributación de las rentas, por la reducción en la base imponible en el momento de realizarse la aportación, hasta el pago satisfecho por la entidad correspondiente acontecido el supuesto de cobro (jubilación, invalidez, muerte, etc.). Sin embargo, tal diferimiento tiene justificación cuando el aportante y beneficiario es una misma persona o, excepcionalmente y como cierre del sistema, cuando el beneficiario es una tercera persona (como ocurriría en caso de muerte). De este modo se garantiza que lo que dejó de tributar el aportante tributará en sede del beneficiario, siquiera más tarde. Sin embargo, no se encuentra una justificación loable cuando se realizan por terceros aportaciones a patrimonios protegidos de personas con discapacidad, sobre todo habida cuenta de que tales rentas calificadas ex lege como rendimientos de trabajo no tributarán generalmente por mor de la exención prevista en el art. 7.w) LIRPF y las reducciones contempladas en el art. 19 LIRPF, como tendremos oportunidad de señalar seguidamente. En definitiva, se rompe la lógica del diferimiento tributario previsto para la generalidad de planes de pensiones, al estar exonerados tanto su aportación como, en gran medida, en el momento de su percepción.

Pues bien, la consideración de rendimiento del trabajo lo es a todos los efectos, por lo que sobre la cuantía sujeta se aplicarán los gastos deducibles para calcular el rendimiento neto (art. 19 LIRPF) y las reducciones del art. 20 LIRPF sobre ese rendimiento que afectan a las personas con discapacidad.

En el caso de que el aportante fuese sujeto pasivo del IS, las aportaciones también tienen la consideración de rendimiento del trabajo para la persona con discapacidad que las recibiera siempre que para el aportante fuese gasto deducible y la cuantía no excediera de 10.000 euros anuales (disposición adicional decimoctava LIRPF). En nuestra opinión y tal como indicamos previamente, esta aportación empresarial se podrá considerar como gasto deducible en la medida en que haya resultado obligatoria para la persona jurídica en virtud de convenios colectivos u otras obligaciones derivadas de la relación laboral con su personal asalariado, o bien porque se considere salario en especie para el trabajador o bien pueda considerarse habitual según los usos y costumbres (y ya se realice la aportación a su propio patrimonio protegido o a una persona con discapacidad de su entorno más próximo). Así, cuando la aportación al patrimonio protegido lo sea a la persona asalariada por la empresa, resultando gasto deducible, es lógico que tal cantidad tribute como rendimiento del trabajo aunque con el límite indicado de 10.000 euros. Sin embargo, cuando la aportación al patrimonio protegido de familiar o persona a cargo del asalariado, indica la disposición adicional decimoctava LIRPF que se considerarán rendimiento del trabajo para el beneficiario de la aportación y no para la persona asalariada de la empresa aportante. Por el contrario, si la aportación no fuera gasto deducible en el IS, no se ha previsto legalmente cuál ha de ser la calificación que debe darse a la renta obtenida por la persona con discapacidad, si bien podría pensarse que en tal supuesto constituye una donación al titular del patrimonio protegido y debería tributar exclusivamente como tal en el ISD[5].

Cabe destacar que nada se menciona en el texto normativo referido sobre el hecho de que el aportante sea sujeto del IRNR o bien ni siquiera sea contribuyente en España por tributo alguno, aunque esté sujeto, lógicamente, a un tributo análogo al IRPF o IS en otro país. Pues bien, en tal caso habría que entender que la aportación al patrimonio protegido por parte de un no residente en España será considerada como donación a los efectos de su tributación en el ISD. Ahora bien, la tributación por el ISD (donde no siempre existen beneficios fiscales autonómicos para el beneficiario de la donación, como examinaremos inmediatamente) en vez de tributar por el IRPF (donde sí existe la exención ya comentada del art. 7.w LIRPF), pudiera constituir una discriminación prohibida por el principio de igualdad prevista en el art. 31.1 de nuestra Constitución y, por ende, reputarse inconstitucional .

En relación con todo lo señalado anteriormente debe decirse que la aportación que exceda de las cuantías antes referidas tendrá la consideración de donación y quedará sujeta al ISD en los términos que examinaremos más adelante.

Ello no obstante, debe entenderse que el exceso sobre las cuantías antes citadas –en función de la condición del aportante– que delimitan la sujeción a un impuesto u otro, operaban de manera independiente.

Las aportaciones sujetas al IRPF no están sometidas a gravamen en su totalidad, pues se les aplica la exención prevista en el art.7.w LIRPF. De acuerdo con esta norma, sólo se integrará en la base imponible del impuesto referido la parte que,

---

[5] Para un mayor desarrollo véase LUCAS DURÁN y MARTÍN DÉGANO, en su trabajo ya citado, *Los patrimonios protegidos de personas con discapacidad y su fiscalidad.*

considerada como rendimiento del trabajo en virtud de lo que se acaba de indicar, exceda de tres veces el IPREM, dejando exentas las cuantías que no superen dicha cifra. No obstante, debe tenerse en cuenta que el límite referido también opera sobre las prestaciones en forma de renta recibidas de planes de pensiones, mutualidades de previsión social, planes de previsión asegurados, planes de previsión social empresarial y seguros de dependencia constituidos a favor de personas con discapacidad. En consecuencia, el contribuyente deberá sumar todas las partidas señaladas anteriormente (aportaciones recibidas en el patrimonio protegido hasta los montos indicados y prestaciones recibidas de los planes y mutualidades señalados) y tributar sobre lo que exceda del mencionado límite.

Como ya hemos mencionado, la parte de la aportación calificada según lo antedicho como rendimientos del trabajo del IRPF que exceda de tales límites (tres veces el IPREM) quedará gravada en el IRPF. Por su parte, la aportación realizada menos las cantidades que sean consideradas como rendimientos de trabajo en el IRPF (10.000 a 24.250 euros, según lo indicado) estarán sujetas ISD. En definitiva, de la aplicación conjunta de estas normas y sus límites se deduce que será muy difícil tributar por el IRPF, y si se llega a hacerlo será por muy escasa cuantía: nunca se hará si sólo hay dos aportantes; si hay más y agotan sus límites sólo se tributará como rendimiento del trabajo por la diferencia entre 24.250 y el triple del IPREM[6].

Además cuando las aportaciones efectuadas tengan la calificación de rendimientos del trabajo para la persona con discapacidad no estarán sujetas a retención o ingreso a cuenta, por lo que el aportante –persona física o jurídica– no deberá retener o ingresar a cuenta de la Hacienda Pública cantidad alguna (disposición adicional decimoctava LIRPF) .

[6] LUCAS DURÁN y MARTÍN DÉGANO, *Los patrimonios protegidos de personas con discapacidad y su fiscalidad.*

Respecto a la obligación de presentar declaración en el IRPF por la persona con discapacidad.

El artículo 96 de la Ley del Impuesto, al configurar la obligación de declarar, realiza la siguiente exclusión de la misma en su apartado 2:

> "No obstante, no tendrán que declarar los contribuyentes que obtengan rentas procedentes exclusivamente de las siguientes fuentes, en tributación individual o conjunta:
>
> a) Rendimientos íntegros del trabajo, con el límite de 22.000 euros anuales.
>
> b) Rendimientos íntegros del capital mobiliario y ganancias patrimoniales sometidos a retención o ingreso a cuenta, con el límite conjunto de 1.600 euros anuales.
>
> c) Rentas inmobiliarias imputadas en virtud del artículo 85 de esta ley, rendimientos íntegros del capital mobiliario no sujetos a retención derivados de letras del Tesoro y subvenciones para la adquisición de viviendas de protección oficial o de precio tasado, con el límite conjunto de 1.000 euros anuales.
>
> En ningún caso tendrán que declarar los contribuyentes que obtengan exclusivamente rendimientos íntegros del trabajo, de capital o de actividades económicas, así como ganancias patrimoniales, con el límite conjunto de 1.000 euros anuales y pérdidas patrimoniales de cuantía inferior a 500 euros".

Y el apartado 3 del mismo artículo rebaja de 22.000 a 11.200 euros el límite del párrafo a) anterior en los siguientes supuestos:

> "a) Cuando procedan de más de un pagador. No obstante, el límite será de 22.000 euros anuales en los siguientes supuestos:

1.º Si la suma de las cantidades percibidas del segundo y restantes pagadores, por orden de cuantía, no supera en su conjunto la cantidad de 1.500 euros anuales.

2.º Cuando se trate de contribuyentes cuyos únicos rendimientos del trabajo consistan en las prestaciones pasivas a que se refiere el artículo 17.2.a) de esta Ley y la determinación del tipo de retención aplicable se hubiera realizado de acuerdo con el procedimiento especial que reglamentariamente se establezca.

b) Cuando se perciban pensiones compensatorias del cónyuge o anualidades por alimentos diferentes de las previstas en el artículo 7 de esta Ley.

c) Cuando el pagador de los rendimientos del trabajo no esté obligado a retener de acuerdo con lo previsto reglamentariamente.

d) Cuando se perciban rendimientos íntegros del trabajo sujetos a tipo fijo de retención".

De lo anterior debe deducirse que cuando las únicas rentas que obtenga un titular de patrimonio protegido sean las aportaciones al mismo, lo más probable (y sobre todo en los denominados patrimonios de gasto) es que la persona con discapacidad no esté obligada a presentar declaración del IRPF, lo cual resulta lógico si tomamos en consideración, como hemos visto, que la tributación sería nula o casi nula. Por el contrario, cuando se trata de patrimonios de ahorro lo más probable es que las rentas producidas por el mismo (junto con las eventuales aportaciones que se realicen) obliguen a presentar declaración del IRPF, pues en tal caso además habrá que ingresar probablemente al Fisco cuota positivas de dicho impuesto, como bien indican LUCAS DURÁN y MARTÍN DÉGANO[7].

De la calificación en el IRPF como rendimientos del trabajo de las aportaciones recibidas en el patrimonio protegido se deriva una última consecuencia para su titular si como

---

[7] En su excelente estudio sobre esta materia ya citado, *Los patrimonios protegidos de personas con discapacidad y su fiscalidad.*

consecuencia de la discapacidad es, además, un persona en situación de dependencia. El art. 33 de la Ley de Dependencia establece que la capacidad económica del beneficiario se tendrá en cuenta para fijar la participación del beneficiario en el coste de los servicios y para la determinación de la cuantía de las prestaciones económicas. Por su parte, el art. 14.7 de esta norma establece que la capacidad económica se determinará a propuesta del Consejo Territorial del Sistema para la Autonomía y Atención de la Dependencia (SAAD). Este Consejo ha establecido que dicha capacidad se determina en atención a la renta y el patrimonio de los beneficiarios del SAAD, sin perjuicio de que las Comunidades Autónomas puedan regular condiciones más ventajosas. Pues bien, en cuanto a los ingresos se ha establecido que tendrán en cuenta los derivados del trabajo y del capital conforme a lo previsto en la LIRPF quedando excluidos únicamente:

a) Las prestaciones de análoga naturaleza y finalidad recogidas en el art. 31 de la Ley de Dependencia.
b) Las rentas derivadas de los seguros privados de dependencia del art. 51.5 LIRPF.

En consecuencia, las aportaciones al patrimonio protegido –ya estén exentas o por la parte gravada– se toman en consideración a los efectos comentados.

Por tanto el coste fiscal real para la persona discapacitada titular del patrimonio protegido va a ser muy escaso en contadas ocasiones, y la mayoría de las veces será totalmente inexistente.

### 3.3. *La tributación en el Impuesto sobre Sucesiones y Donaciones por el exceso de las cantidades calificadas como rendimientos del trabajo personal en el IRPF*

Veamos a continuación la tributación de la aportación sujeta al Impuesto sobre Sucesiones y Donaciones (ISD) por superar los límites que la hacen estar sometida a gravamen por el IRPF.

El referido impuesto está regulado en la Ley 29/1987, de 18 de diciembre (LISD en adelante), que a su vez ha sido desarrollada reglamentariamente por el Real Decreto 1629/1991, de 8 de noviembre. Se trata de un tributo de naturaleza directa que grava los incrementos patrimoniales obtenidos a título lucrativo (inter vivos o mortis causa) por personas físicas.

La estructura de liquidación del impuesto es diferente en función de que se liquide una sucesión o una donación, si bien con carácter básico se podría resumir en el modo siguiente: la base imponible, constituida en términos generales por el valor real de lo percibido a título lucrativo, se reduce en distintas cuantías para conformar la base liquidable, a la que se aplica una tarifa para obtener con ello una cuota tributaria que será multiplicada por un coeficiente, que oscila generalmente (pues puede variar de unas a otras CCAA) de 1 a 2,4 en función del parentesco con el causante de la transmisión y del patrimonio preexistente del sujeto pasivo.

Vamoa a referirnos a la tributación de las aportaciones al patrimonio protegido en la modalidad de donación. En este sentido, las aportaciones recibidas por las personas con discapacidad en sus patrimonios protegidos están sujetas al ISD en la cuantía que no tenga la consideración de rendimiento del trabajo en el IRPF, según lo indicado previamente. Esto es, cuando las aportaciones recibidas excedan los límites a los que hicimos referencia en su momento (10.000 euros anuales si se trata de un solo aportante persona física, o de un sujeto pasivo del IS, y 24.250 euros anuales si se trata de varios aportantes personas físicas). Esta adquisición a título gratuito no tiene ninguna reducción en la normativa estatal, ni tampoco se ha estimulado –como veremos que ocurre en el Impuesto sobre el Patrimonio– a las Comunidades Autónomas para que establezcan beneficios fiscales en el ámbito de sus competencias cedidas. En nuestra opinión, es aconsejable que la normativa estatal establezca una bonificación en el ISD para garantizar un mínimo de tratamiento uniforme en todas las Comunidades, siendo éstas libres de aumentarlo individualmente.

Hasta el momento, las Comunidades Autónomas que han reconocido algún beneficio fiscal para estas donaciones en el ejercicio de sus competencias cedidas en este Impuesto son: Baleares, que reconoce una bonificación del 99 por ciento; Canarias, del 95 por ciento; Castilla-La Mancha una bonificación del 95 por 100; Castilla y León establece una deducción del 100 por ciento del valor de la donación con el límite de 60.000 euros; y Cataluña del 90 por ciento.

A lo anterior hay que añandir que se están produciendo normas dirigidas a no someter a gravamen las donaciones realizadas a los familiares más próximos (Grupo I: cónyuge, ascendientes y descendientes menores de 21 años y Grupo II: cónyuge, ascendientes y descendientes mayores de 21 años). En estos casos la condición de persona con discapacidad en el adquirente es irrelevante. Por tanto, los beneficios fiscales en las transmisiones inter vivos a las personas con discapacidad pierden parte de su interés, pues la mayoría de estas transmisiones se realizan a los familiares más cercanos. De tal manera que los beneficios específicos para el patrimonio protegido quedarán relegados a otros familiares o a otras personas con las que no exista ese vínculo o bien por la parte que exceda del límite de la bonificación autonómica. Así, por ejemplo, Madrid y Valencia, han introducido una bonificación en las adquisiciones inter vivos del 99 por ciento para los sujetos pasivos incluidos en los grupos I y II de parentesco que, prácticamente, hace innecesaria la regulación específica de beneficios fiscales para las aportaciones de patrimonios protegidos de personas con discapacidad.

Nos queda, por último, reflexionar sobre las posibilidades que ofrece la aplicación de la normativa autonómica en relación con la aportación realizada. Como es sabido, el ISD es un impuesto de configuración estatal pero cuya recaudación se encuentra íntegramente cedida a las Comunidades Autónomas, con amplias competencias normativas que permiten prácticamente exonerar de gravamen determinados supuestos. Y para conocer la normativa autonómica aplicable es preciso determinar cuáles son los puntos de conexión de un determinado acto jurídico con el territorio de la imposición, lo cual aparece contenido en los arts. 25 y ss. de la Ley 22/2009, de 18 de diciembre, por la que se regula el sistema de financiación de las Comunidades Autónomas de régimen común y Ciudades con Estatuto de Autonomía y se modifican determinadas normas tributarias.

El art. 32 del referido texto legal contiene los puntos de conexión para el ISD. Al respecto habría que diferenciar si la aportación se ha realizado mortis causa (como un legado en el testamento del aportante) o bien inter vivos, lo cual será lo más habitual.

Así, si se trata de un acto de disposición mortis causa –que como hemos indicado más atrás no será el supuesto más común–, la normativa aplicable será la de la comunidad de residencia habitual en la fecha del devengo el causante (art. 32.1.a Ley 22/2009).

Sin embargo, cuando se realice una aportación inter vivos, la normativa aplicable dependerá del tipo de bien que se done: en el caso de bienes inmuebles, se aplicará la normativa de la Comunidad Autónoma donde los mismos radiquen y, por el contrario, para el resto de los bienes, se aplicará la normativa del ente territorial en el que el donatario tenga su residencia habitual a la fecha del devengo.

Todo ello brindará posibilidades de planificación fiscal para quienes realicen aportaciones a los patrimonios protegidos, habida cuenta de que la tributación de los bienes percibidos por la persona con discapacidad puede variar notablemente. Si la persona con discapacidad reside en un territorio en el no exista un régimen tributario favorable a las donaciones en el entorno familiar más próximo, podría aportarse al patrimonio protegido en lugar de dinero u otros bienes (acciones, etc.) un bien inmueble radicado en alguna de las Comunidades Autónomas donde existe una casi total exoneración del ISD (v. gr. Madrid o Valencia, pero también Baleares, Canarias, las dos Castillas y Cataluña). Si así se actúa, la persona con discapacidad tributaría por una ínfima cantidad respecto de lo que habría de contribuir si la aportación no se realizara en forma de bien inmueble. Y dado que según las normas de administración de tales patrimonios protegidos nada impide que se puedan vender los bienes para adquirir otros en la idea de mantenimiento de la referida masa patrimonial, podría con posterioridad cambiarse la inversión (si se estimara necesario) a otro tipo de bien que no fuera necesariamente inmueble[8].

## 4. FISCALIDAD DEL PATRIMONIO PROTEGIDO QUE AFECTA A LOS FAMILIARES QUE REALIZAN APORTACIONES

Las aportaciones al patrimonio protegido pueden ser dinerarias o en especie, siendo indiferente la forma a la hora de aplicar los beneficios fiscales.

La aportación puede realizarse tanto por una persona física como por una persona jurídica, pero en este trabajo nos vamos a referir únicamente a las aportaciones realizadas por personas físicas, puesto que a partir del año 2011 los incentivos fiscales para las empresas desaperecieron y se centraron las ventajas fiscales al ámbito de las aportaciones realizadas por personas físicas al patrimonio protegido.

[8] LUCAS DURÁN y MARTÍN DÉGANO, EN SU TRABAJO, *Los patrimonios protegidos de personas con discapacidad y su fiscalidad.*

### *4.1. Reducción de la base imponible general en el IRPF*

Uno de los beneficios tributarios consiste en que las aportaciones realizadas reducen la base imponible general del IRPF en los términos previstos en el art. 54 LIRPF. De acuerdo con el art. 50.1 LIRPF estas reducciones se aplicarán después de practicar –si las hubiere– las reducciones por aportaciones a sistemas de previsión social (planes de pensiones, mutualidades de previsión social, planes de previsión asegurados, planes de previsión social empresarial y seguros de dependencia), y en ningún caso la aplicación de tal reducción puede dar lugar a una base liquidable negativa (art. 50 LIRPF).

El art. 54 LIRPF contiene unas disposiciones que limitan el ejercicio de la citada reducción. Estas restricciones son tres y se refieren a las personas que pueden aplicárselas, la cuantía permitida y la aportación de elementos afectos a las actividades empresariales. Veamos cada limitación por separado.

En el ámbito fiscal no toda persona que realiza una aportación al patrimonio protegido puede practicarse la correspondiente reducción en la base imponible.

En concreto, sólo podrán aplicarse esta reducción quienes tengan una relación de parentesco en línea directa o colateral hasta el tercer grado inclusive, así como el cónyuge de la persona con discapacidad o quienes lo tuviesen a su cargo en régimen de tutela o acogimiento (art. 54.1 LIRPF). Cualquier otra persona fuera de las mencionadas –incluído el propio discapacitado– que realice aportaciones al patrimonio protegido no se podrá aplicar los beneficios antes referidos. Quedan, por tanto, fuera del beneficio fiscal los terceros (no familiares) con interés legítimo a los que la LPP permite constituir un patrimonio protegido (art. 3.2) o realizar aportaciones posteriores (art. 4.2).

Esta limitación respecto de los aportantes ya ha sido objeto de crítica en otros trabajos dado que resulta excesivamente restrictiva y contraria al interés de incentivar liberalidades de personas próximas a la persona con discapacidad (aunque no sean familiares cercanos) en beneficio de esta última . En todo caso, conviene recalcar que el legislador tributario no permite la aplicación del beneficio fiscal –que implica la reducción en la base imponible de las aportaciones– a quienes las realizan con un interés legítimo, cuando la Ley de Protección Patrimonial sí lo permite. Ello puede deberse a cuestiones estrictamente presupuestarias (evitar que el beneficio fiscal reste importantes recursos a las arcas públicas), o bien a una cuestión de control del fraude fiscal que podría resultar de utilizar la figura del patrimonio protegido con fines distintos a los pretendidos por la norma, siendo así que cualquier persona que deba realizar un pago (por el motivo que sea) a una persona con discapacidad titular de un patrimonio protegido lo haga como aportación a su patrimonio protegido para beneficiarse de la reducción mencionada, maniobra que beneficiaría también al titular del patrimonio protegido, como veremos seguidamente. Así, al existir un interés concurrente para ambas partes de la operación, de permitirse el beneficio fiscal a toda persona aportante "con interés legítimo", siendo este último un concepto jurídico indeterminado como se tuvo la oportunidad de analizar más atrás, sin duda se realizarían muchas operaciones que habría que revisar por la Administración tributaria y plantearía una gran conflictividad. Probablemente por los dos motivos mencionados (presupuestarios y, sobre todo, de lucha contra el fraude) se ha preferido conceder los beneficios fiscales únicamente a los familiares, si bien otras personas pueden realizar igualmente aportaciones pero sin obtener ventaja tributaria alguna. Ciertamente, si la razón de excluir del incentivo fiscal analizado es la lucha contra el fraude, podrían haberse arbitrado otras medidas normativas que permitieran a la Administración tributaria el control de tales aportaciones fuera del círculo familiar más próximo (por ejemplo, configurándolo en tales casos como un beneficio fiscal rogado que requeriría en todo caso de supervisión administrativa), con lo que se lograrían dos objetivos deseables: beneficiar fiscalmente las aportaciones a patrimonios protegidos con auténtico "interés legítimo" (que previsiblemente no reduciría significativamente la recaudación tributaria) y, por otro lado, el control del fraude fiscal[9].

La persona con discapacidad no se reduce la base imponible por las aportaciones realizadas a su propio patrimonio protegido, es diferente por tanto, del tratamiento fiscal que se da a las aportaciones a otros sistemas de previsión social. La razón por la que se practican reducciones en la base imponible del IRPF del discapacitado a otro tipo de sistema de previsión social es porque se diferir el gravamen de la capacidad económica manifestada al momento en que se disponga de dichos fondos.

La segunda limitación en los beneficios fiscales para las personas aportantes a patrimonios protegidos se refiere a la cuantía de la aportación. Recordemos que la LPP no pone límites cuantitativos a las aportaciones. Las aportaciones realizadas a uno o varios patrimonios protegidos sólo dan derecho a una reducción en la base imponible hasta el límite máximo de 10.000 euros anuales con independencia. Cuando sean varios los aportantes a un mismo patrimonio, el conjunto de las reducciones practicadas por todos ellos a un determinado beneficiario no podrá exceder de 24.250 euros anuales. Si se supera tal límite, cada aportante debe minorar proporcionalmente la reducción practicada en la base, con el fin de que la suma de aportaciones totales nunca supere los 24.250 euros. La aplicación de este límite conjunto puede plantear problemas prácticos, pues los distintos aportantes deberán conocer quién y en qué cuantía se han efectuado aportaciones a un patrimonio protegido a fin de poder practicar la reducción proporcional que corresponda. La norma parece ampararse en que el parentesco de los aportantes debería evitar tales problemas; pero esto no deja de ser una suposición, por lo que sería razonable regular reglamentariamente un procedimiento de informa-

[9] LUCÁS DURÁN y MARTÍN DÉGANO, *Los patrimonios protegidos de personas con discapacidad y su fiscalidad.*

ción para estos casos, que podría consistir en la obligación del administrador del patrimonio protegido de informar de las aportaciones realizadas al mismo cada año (junto con el nombre y NIF del aportante) y, por otro lado, de realizar las debidas comunicaciones a los aportantes en el supuesto de que haya de reducirse la base imponible por superación del límite conjunto, con un régimen sancionador específico en caso de incumplimiento de tales obligaciones. Mientras tanto, parece lógico considerar que si el aportante ha realizado la aportación de buena fe sin conocer las aportaciones de otras personas y se ha practicado la reducción en su integridad (en lugar de en la parte proporcional que según lo que acabamos de indicar le correspondería), no existiría dolo ni culpa a los efectos del art. 179 LGT que recoge el principio de responsabilidad en materia de infracciones tributarias, si bien estaría sujeto –lógicamente– a las regularizaciones tributarias que le pudiera practicar la Administración y, por otro lado, al pago de los intereses de demora respectivos por el beneficio aplicado indebidamente.

Los límites cuantitativos citados son independientes de los previstos por las aportaciones a los sistemas de previsión social propios o en favor de personas con discapacidad. Es decir, se pueden realizar aportaciones a estos tres instrumentos de forma compatible y acumulable pues cada uno tiene su propio límite cuantitativo. De tal forma que un contribuyente podrá aportar a su propio plan de pensiones hasta 10.000 euros (12.500 si es mayor de 50 años según permite el art. 52, otros 10.000 euros al plan de pensiones de su hijo con discapacidad (art. 53) y otros 10.000 más al patrimonio protegido de éste (art. 54). No hace falta advertir que ello supone un atractivo notable para quienes realizan aportaciones a los patrimonios protegidos de personas con discapacidad.

En todo caso, de acuerdo con el art. 52 LIRPF, la suma de todas estas reducciones sobre la base imponible no podrá dar a lugar a una base liquidable negativa. Si las aportaciones son superiores a la base imponible del ejercicio, el exceso se podrá reducir de las bases imponibles generales positivas que se obtengan en los cuatro años siguientes. Por otro lado, si no existe base imponible (o, lo que es lo mismo, tal base imponible es igual a cero), las aportaciones realizadas se reducirán de las bases imponibles generales positivas de los 4 ejercicios siguientes. Hay que tener en cuenta, además, que para las aportaciones a patrimonios protegidos no existe la importante limitación que sí está prevista en las aportaciones a planes de pensiones: el 30 por 100 de la suma de los rendimientos netos del trabajo y de actividades económicas percibidos individualmente en el ejercicio, porcentaje que asciende al 50 por 100 para contribuyentes mayores de 50 años. Tal regulación debe valorarse positivamente, pues ello permite que personas que no obtengan rentas del trabajo o de actividades económicas –pero sí del capital mobiliario o inmobiliario– vayan transmitiendo su patrimonio poco a poco a sus descendientes con discapacidad que les sobrevivirán sin renunciar a los beneficios fiscales).

La tercera limitación fiscal está referida a las aportaciones no dinerarias. De acuerdo con el art. 54.4 LIRPF no da derecho a reducción en la base imponible la aportación de elementos afectos a las actividades económicas35. No está clara la razón de esta limitación. Podría tener que ver, por un lado, con el deseo del legislador de no alentar fiscalmente la destrucción de tejido empresarial para beneficiar a una persona con discapacidad. Sin embargo, nada impediría la aportación de acciones de una empresa. Por otro lado, puede entenderse como una medida para evitar planificaciones fiscales indeseadas. Pero no nos parece correcto este planteamiento, pues la constitución de un patrimonio protegido ya está lo suficientemente supervisada por los poderes públicos como para que pudiera ser utilizado con esa finalidad.

Cualquier otra aportación no dineraria estaría permitida por la Ley de Protección Patrimonial siempre y cuando cumpla los requisitos de adecuación y suficiencia que comentamos al analizar el régimen jurídico-civil de los patrimonios protegidos. A este respecto es interesante destacar que la DGT ha admitido la aportación de distintos seguros. En todos ellos el tomador es una persona distinta a la persona con discapacidad que, sin embargo, nombra beneficiario de forma irrevocable a tal persona con discapacidad, perdiendo con la aportación sus derechos de rescate, salvo en el caso de fallecimiento del discapacitado, momento a partir del cual podría nombrarse otro beneficiario (tomador u otra persona distinta), siendo así que en tal nombramiento irrevocable de beneficiario consiste, de hecho, la aportación del contrato de seguro36. Esta opción puede entenderse especialmente atractiva si el aportante del contrato de seguro pretende seguir haciéndose cargo de las primas que ha de abonar por razón del mismo a la compañía aseguradora, pues además de obtener la reducción por la aportación del seguro (valorado en su valor de rescate) al nombrar de forma irrevocable como beneficiario a la persona con discapacidad, se podrán reducir las primas que vayan a pagarse por el tomador una vez se haya "integrado" el seguro en el patrimonio protegido. La reducción de estas primas quedaría sujeta a su formalización en documento público cada vez que se realicen si bien, como defendimos al analizar el régimen jurídico-civil de los patrimonios protegidos, también creemos posible que en el documento en que se formalice la primera aportación se prevean los sucesivos pagos de las primas sin necesidad de documentarlas cada vez que se efectúen.

Por tanto, para aprovechar al máximo los tres beneficios fiscales habrá que conjugar que las aportaciones al patrimonio protegido no generen rentas gravables por el IRPF excluidas las exentas por el art. 7.w LIRPF de más de 8.000 euros como rendimientos del trabajo, y que la persona con discapacidad no presente declaración por el IRPF, lo cual podría ocurrir en los patrimonios protegidos de gasto pero muy difícilmente en los de ahorro, en la denominación utiliza más atrás. A esta última cuestión nos referiremos al analizar la tributación de la persona con discapacidad.

### *4.2. Mantenimiento de los bienes aportados al patrimonio protegido por un tiempo mínimo*

El artículo 54 de la Ley del IRPF obliga a mantener las aportaciones al patrimonio protegido durante un plazo de cuatro años, eesto es, son indisponibles durante este plazo de tiempo para satisfacer las necesidadaes vitales del titular del patrimonio protegido para quien se ha constituido. No se regula una prohibición, lo que se regula es una serie de consecuencias, nada postiivas para el caso de que se disponga de las aportaciones realizadas al patrimonio protegido antes del plazo de cuatro años.

El artículo 54 de la Ley 35/2006, de 28 de noviembre, del Impuesto sobre la Renta de las Personas Físicas establece:

> «La disposición de cualquier bien o derecho aportado al patrimonio protegido de la persona con discapacidad efectuada en el período impositivo en que se realiza la aportación o en los cuatro siguientes tendrá las siguientes consecuencias fiscales:
>
> a) Si el aportante fue un contribuyente por este Impuesto, deberá reponer las reducciones en la base imponible indebidamente practicadas mediante la presentación de la oportuna autoliquidación complementaria con inclusión de los intereses de demora que procedan, en el plazo que medie entre la fecha en que se produzca la disposición y la finalización del plazo reglamentario de declaración correspondiente al período impositivo en que se realice dicha disposición.
>
> b) El titular del patrimonio protegido que recibió la aportación deberá integrar en la base imponible la parte de la aportación recibida que hubiera dejado de integrar en el período impositivo en que recibió la aportación como consecuencia de la aplicación de lo dispuesto en la letra w) del artículo 7 de esta Ley, mediante la presentación de la oportuna autoliquidación complementaria con inclusión

de los intereses de demora que procedan, en el plazo que medie entre la fecha en que se produzca la disposición y la finalización del plazo reglamentario de declaración correspondiente al período impositivo en que se realice dicha disposición».

Las consecuencias del incumplimiento del contenido del artículo 54 son las siguientes: los aportantes están obligados a presentar una declaración complementaria reponiendo en la misma las sumas con que redujeron sus respectivas bases imponibles generales. Y en lo que afecta al titular del patrimonio, éste tendría que presentar una autoliquidación complementaria para incluir esas aportaciones de las que se benefició y no declaró en su día por encontrarse exentas de tributación. Calificando esas sumas como rendimientos del trabajo. Estas consecuencias son desastrosas para el titular del patrimonio protegido y para los aportantes, puesto que desaparecen los beneficios fiscales, que es uno de los alicientes para constituir esta figura jurídica.

Sólo una vez transcurrido ese plazo de 4 años, los bienes y derechos económicos aportados podrán ser destinados a la satisfacción de las necesidades de su titular.

Por tanto, según el contenido del artículo 54 de la Ley del Impuesto sobre la Renta, el dinero y los bienes que se aportan a un patrimonio protegido resultan provisionalmente indisponibles. Sin duda un duro revés que debilita el ánimo de quienes en algún momento han visto en los patrimonios protegidos una herramienta útil para adecuar la carga fiscal de la familia de una persona discapacitada a su perenne situación de prodigalidad y derroche. Sin embargo, si profundizamos en los conceptos y analizamos el verdadero alcance de las categorías que se emplean en los textos legales, descubrimos que la condición o límite que acabamos de analizar deja un considerable margen de acción, tanto, que apenas restringe el funcionamiento normal de estas instituciones[10].

### *4.3. Exención de la ganancia patrimonial*

El segundo beneficio fiscal previsto en el IRPF para los aportantes al patrimonio protegido está regulado en el art. 33.3.e) LIRPF. Esta norma declara que no existe ganancia o pérdida patrimonial en las aportaciones no dinerarias al patrimonio protegido. Es decir, el aportante de bienes o derechos a un patrimonio protegido no debe computar ganancia o pérdida alguna, a los efectos tributarios señalados, por la diferencia entre el valor de mercado del bien donado y su valor de adquisición. En efecto, cuando se aporta dinero a un patrimonio protegido, no existe un valor de entrada diferente al de salida del patrimonio, dado que el dinero siempre tiene el mismo valor nominal. Sin embargo, cuando se aportan bienes o derechos distintos del dinero en efectivo (v. gr. acciones de sociedades, inmuebles, etc.), existirá un valor de adquisición en el momento de la aportación y otro valor del bien en el momento de su salida, de manera que si se compara uno y otro valor resultará normalmente una ganancia o pérdida patrimonial. Pues bien, en el caso que se produzca una ganancia patrimonial, esta debería tributar en principio en el IRPF del aportante, tributación que exonera el precepto que ahora comentamos. Por lo demás, en este caso no se aplica límite cuantitativo alguno, por lo que afecta a la totalidad de la ganancia.

Lo dicho con anterioridad debe reputarse cierto tanto para el titular del patrimonio protegido como para terceras personas. Y ello es así porque el art. 33.3.e) LIRPF no hace especificaciones, pero principalmente porque cuando se realiza una aportación por una persona con discapacidad desde su patrimonio personal a su propio protegido no existe en puridad

[10] Véase GUERRA REGUERA, "Los patrimonios protegidos. Un instrumento al servicio de las personas con discapacidad y sus familias".

una transmisión patrimonial al no existir dos subjetividades distintas: existe una cambio de ubicación o afectación –pasando de una masa patrimonial a otra de una misma persona– pero ello no puede dar lugar a ganancias o pérdidas patrimoniales.

Resulta sorprendente que no se sometan a gravamen estas ganancias en el IRPF y no exista una correlativa exención o beneficio fiscal (siquiera potestativo para los municipios) en el Impuesto sobre el Incremento del Valor de los Terrenos de Naturaleza Urbana. Desde una perspectiva sistemática y armonizadora del régimen jurídico de las aportaciones de inmuebles a los patrimonios protegidos, debería reconocerse algún tipo de beneficio fiscal en este impuesto local. Ello es así porque de lo contrario existirá un desincentivo implícito a aportar bienes inmuebles urbanos en detrimento de otros tipos de bienes. Hay que tener presente que los bienes inmuebles son aportaciones especialmente idóneas para los patrimonios protegidos al derivarse de las mismas rendimientos del capital inmobiliario (v. gr. alquileres) que permitirán satisfacer las necesidades vitales de la persona con discapacidad manteniendo un patrimonio en su haber que, por lo general, no pierde su valor y que detenta la capacidad de seguir generando frutos a lo largo de toda la vida del titular. Sobre ello volveremos al analizar la tributación de quien recibe aportaciones en su patrimonio protegido.

Pero más sorprendente aún es que no se eximan los rendimientos del capital mobiliario que podrían derivarse de la transmisión de un activo financiero de los contemplados en el art. 25 LIRPF. En tales casos, y aunque la renta obtenida por tales transmisiones tendría una naturaleza económica similar a las ganancias patrimoniales derivadas de la transmisión de otros activos, sin embargo por resultar calificadas como rendimientos del capital mobiliario no resultarían exentas. Así por ejemplo ocurriría en el caso de aportación a patrimonio protegido de un activo de renta fija (obligaciones de empresa o deuda pública), o bien un seguro de vida, en cuyo caso el aportante se vería obligado a tributar por la diferencia entre el valor de adquisición de dicho título valor (o la suma de primas abonadas a la compañía aseguradora) y el valor del bien en el momento de la transmisión (en el caso del seguro de vida, dicho rendimiento se obtendría aplicando las reglas contenidas en el art. 25.3.a.5.º LIRPF). En nuestra opinión, se trata de un efecto indeseado (y probablemente no meditado) de la norma, por lo que resultaría muy conveniente la introducción en tales casos de una exención para los rendimientos de capital mobiliario derivados de tales aportaciones a patrimonios protegidos, a fin de lograr una neutralidad impositiva que no incentive la aportación de determinados bienes sobre otros.

## BIBLIOGRAFÍA

GUERRA REGUERA, M. "Los patrimonios protegidos. Un instrumento al servicio de las personas con discapacidad y sus familias", Revista Quincena Fiscal, nº 14-2015, Aranzadi (BIB 2015/2776).

LUCAS DURÁN, M., y MARTÍN DÉGANO, I., Los patrimonios protegidos de personas con discapacidad y su fiscalidad, Documento nº 4/2014, del Instituto de Estudios Fiscales.

NAVARRO GARMENDIA, J. A. «El concepto de disposición en el régimen fiscal del patrimonio protegido ». Crónica Tributaria, número 143. Año 2012. Páginas 127 y 128.

# PERSPECTIVA LABORAL DEL MARCO JURÍDICO INTERNACIONAL DE PROTECCIÓN DE LOS DISCAPACITADOS

ÁNGEL ARIAS DOMÍNGUEZ
*Profesor Titular (acreditado a Catedrático)*
*de Derecho del Trabajo y de la Seguridad Social*

## 1. DISCAPACIDAD Y EMPLEO

La declaración del año 2003 como el Europeo de la Discapacidad[1] supuso un notable impulso a la actividad institucional de la Unión Europea en relación con la discapacidad[2]. En la Europa de los ciudadanos también se aboa por inlcuir, decididamente además, a los discapacitados, y no ya como un mero apéndice estadístico o documental con respecto a los no discapacitados (¿cabe mayor eufemismo?) como se criticaba

[1] Artículo 1, de la Decisión (2001/903/CE) del Consejo, de 3 de diciembre de 2001, sobre el Año Europeo de las personas con discapacidad (D.O.U.E. de 19 de febrero de 2001).

[2] Así, el Consejo de la Unión Europea, en el artículo 5.1-2 de la Decisión por la que se declaraba al año 2003 como el Europeo de la Discapacidad, dispuso que, para la consecución de los objetivos pretendidos por dicha declaración (expresados en su artículo 3 y en el anexo que se adjunta a la Decisión), cada Estado miembro crease un organismo nacional que, aglutinando las diversas organizaciones que trabajan en favor de las personas con discapacidad, organizase la participación del Estado en el evento y se encargarse de la ejecución de las Acciones que el anexo encomienda al "Ámbito Nacional" de los países pertenecientes a la Unión.

El desarrollo de este mandato se produjo para nuestro ordenamiento por el Real Decreto 775/2002, de 26 de julio, por el que se crea el Comité Español de Coordinación para el Año Europeo de las personas con discapacidad (B.O.E. de 28 de agosto), adscrito formalmente al Ministerio de Trabajo y Asuntos Sociales.

en las épocas de expansión de la *"Europa de los Mercaderes"*, sino como la plasmación, práctica, real y legal, del compromiso asumido de considerarles únicamente en su aspecto de ciudadanos. Ciudadanos, eso sí, que necesitan atenciones especiales en algunos ámbitos de su vida, y que los Estados, y también la Unión Europea asumen como forma de proyectar el aspecto social del Estado del bienestar que estamos construyendo.

De manera singular en su relación con el empleo, como sucede, por otra parte, legislativa y prácticamente, con otros muchos grupos de ciudadanos que pudieran incluirse en algunas de las categorías de minorías necesitados de protección específica y singular: mujeres, menores, inmigrantes, mayores, etc.

En esta permanente revolución en el empleo en la que hemos vivimos en el último cuarto del siglo pasado, que augura movimientos telúricos de incontenible vigencia para el presente[3], se está produciendo, en relación con el empleo de los trabajadores con deficiencias físicas, psíquicas y sensoriales, un paralelismo significativo con respecto al advenimiento del Derecho del Trabajo mismo en los albores de la Revolución Industrial. En efecto, el nacimiento de un sector específico dentro del campo jurídico que se dedicara a atender los problemas sociales que generaba la expansión del trabajo asalariado por cuenta ajena encontraba su justificación en la protección del antagonista laboral situado en la posición jurídica y social más débil. El Derecho del Trabajo se construye por y para el trabajador, por y para el asalariado, por y para el obrero.

Ahora, en nuestra actual realidad social que asume hasta sus últimas consecuencias la sociedad del trabajo como fórmula de crecimiento económico y social del conjunto de los ciudada-

[3] Véase, en este sentido, el ensayo de RIFKIN, J.: *El fin del trabajo. Nuevas Tecnologías contra puestos de trabajo: el nacimiento de una nueva era*, Paidos, 7ª ed., Barcelona, 1996.

nos[4], y ausente la crítica al fenómeno mismo del trabajo y las instituciones que lo configuran jurídicamente (el contrato de trabajo, el convenio colectivo, la representación institucional de los sindicatos, principalmente) se ha generado una diferente axiología del empleo, que entiende necesario adecuar el dogma liberal en el que hasta ahora se ha desarrollado la juridificación del trabajo y la producción a los postulados que se infieren de estos nuevos valores, potenciando, específicamente, los aspectos no estrictamente productivos del trabajo y de la actividad productiva, en particular aquellos que se relacionan con la integración social de todos los ciudadanos-trabajadores, también, por tanto, de los discapacitados, buscando, en definitiva, un paradigma igualitario en el ejercicio del trabajo.

Así, el debate no gira ya —en la sociedad Europea, al menos- sobre la construcción jurídica de un modelo de empleo que se ha mostrado evolucionado y tuitivo del trabajador, sino sobre las bondades del sistema normado, y, en lo que a nosotros importa, sobre las posibilidades que ofrece el actualmente construido para integrar en su seno a sectores muy amplios de la sociedad que tradicionalmente han estado ausentes (incluso excluidos) del mercado laboral, por diversas razones, aunque todas ellas relacionadas con la especulación que se vincula a la optimización de la mano de obra, en el mal entendido sentido de considerarla, únicamente, como un coste más en la producción.

La Organización Internacional del Trabajo (OIT) calcula, en este sentido, que en el mundo la tasa de desempleo de los trabajadores que sufren algún tipo de discapacidad se sitúa alrededor del ochenta por ciento, alcanzando prácticamente el cien por cien en algunos países del planeta. La alerta sobre este problema no es, por tanto, baladí o anecdótica, es de denuncia de una realidad insoslayable. La OIT también alerta sobre el

---

[4] En perspectiva histórica puede consultarse el estudio de ARENAS POSADAS, C.: *Historia económica del trabajo (siglos XIX y XX)*, Tecnos, Madrid, 2003.

aumento desmedido del desempleo que sufren los trabajadores discapacitados ubicados en el ámbito geográfico europeo desde comienzos de la década de los noventa, debido, sobre todo, a la recensión económica que se ha experimentado en dicho ámbito y al desenfreno en la utilización de la políticas de corte neoliberal[5].

Por su parte, la Unión Europea (UE, en adelante) reconoce que tan sólo el cuarenta y dos por ciento de las personas con discapacidad ocupan un puesto de trabajo, frente al sesenta y cinco por ciento de las personas no discapacitadas. El porcentaje de población económicamente inactiva en las personas no incapacitadas se eleva al veintiocho por ciento, frente al cincuenta y dos por ciento en las personas con algún tipo de discapacitadad[6]. En el mercado de trabajo Español, la tasa de inactividad de los trabajadores discapacitados se eleva al noventa por ciento[7], circunstancia que convierte a este colectivo en uno de los más propensos a sufrir exclusión social.

Para la necesaria protección de este colectivo debe buscarse un nuevo paradigma laboral. El 'nuevo' derecho del trabajo que lo integre no va a girar (*rectius*: no debe girar) sobre el obrero, como acaecía en el 'clásico' modelo que sirvió de base para la argumentación jurídica de sus instituciones en el Siglo XIX, sino sobre el ciudadano, sobre la persona física integrada en un contexto político y titular de derechos públicos subjetivos

---

[5] Véase, en este sentido, Director General de la OIT: La hora de la igualdad. Informe global con arreglo al seguimiento de la declaración de la OIT relativa a los principios y derechos fundamentales en el trabajo. Confederación Internacional del Trabajo, 91ª reunión 2003. Ed.: Oficina Internacional del Trabajo, Ginebra, 2003, p. 38.

[6] Comunicación de la Comisión al Consejo, al Parlamento Europeo, al Comité Económico y Social Europeo y al Comité de las Regiones. Igualdad de oportunidades para las personas con discapacidad: un plan de acción europeo. (COM /2003) 0650 final, de 30 de octubre de 2003.

[7] Según el estudio de SHUM, G.; CONDE, A, y IGLESIAS, M.: *La mujer con discapacidad física y su situación sociolaboral*, Paideia, A Coruña, 1998, p. 28.

oponibles frente al Estado, en su sentido de derechos de configuración legal.

La batalla fundamental del Derecho del Trabajo de las últimas décadas del siglo XX fue la integración laboral de las mujeres en el trabajo, la del siglo XXI será la integración socio-laboral de otro de los grupos tradicionalmente ausentes del mercado laboral: los discapacitados.

Y para la consecución de este objetivo se cuenta, decididamente además, con la aportación normativa de organismos internacionales.

## 2. MARCO JURICIO INTERNACIONAL DE PROTECCIÓN DEL EMPLEO DE LOS TRABAJADORES DISCAPACITADOS

El desarrollo normativo-laboral interno nacional integrador de los trabajadores discapacitados en el engranaje laboral es tributario de la regulación internacional en la materia que han reglamentado los tres ámbitos que nos circundan: Naciones Unidas, la OIT, y la UE. Cabe significar, no obstante la relativa autonomía de las dos primeras organizaciones internacionales con respecto a la última, que el desarrollo normativo de la Unión se ha visto, además frecuentemente, influido por la regulación propiciada desde Naciones Unidas y desde la OIT como Organismo especializado en materia laboral, por lo que un estudio singular de toda ella, especialmente desde la fundamentación conceptual de lo que se conoce como Derechos Humanos del Trabajo, trasciende el mero dato histórico. Por ello numerosos textos normativos de la Unión reconocen, expresamente, la eficacia jurídica de las normas que ahora van a analizarse, mencionándolas como antecedentes necesarios de esta labor normativa regional.

## 3. NORMATIVA DE NACIONES UNIDAS

En el ámbito de las Naciones Unidas, la protección del discapacitado es relativamente reciente, y ha pasado por varias fases, que bien pudieran agruparse cronológicamente en las siguientes tres[8]. La primera abarcaría toda la década de los años setenta y comienzo de los años ochenta del siglo pasado. La segunda comprendería el decenio que va desde mil novecientos ochenta y dos hasta mil novecientos noventa y dos. La tercera finalizaría en mil novecientos noventa y tres, con la adopción de las Normas Uniformes sobre la igualdad de oportunidades para las personas con discapacidad[9].

Entre ellas debe significarse *La Declaración de los Derechos de los Impedidos* de 1975[10], que contiene dos virtudes innegables. En primer lugar, aportar por primera vez al panorama internacional una tipificación jurídica universal de persona impedida como toda aquella *"incapacitada de subvenir por sí misma, en su totalidad o en parte, a las necesidades de una vida individual o social normal a consecuencia de una deficiencia, congénita o no, de sus facultades físicas o mentales"*. Y en segundo lugar, reconocer como derecho del impedido el *"obtener y conservar un empleo"*, así como *"el ejercer una ocupación útil, productiva y remunerada"*, definiendo los tres contornos lógicos en los que se desarrollan los comportamientos discriminato-

[8] Se sigue aquí a TRINIDAD NÚÑEZ, P.: "La protección de los discapacitados en el seno de las Naciones Unidas", en VV. AA.: *I Curso de Intervención global con discapacitados*, Diputación Provincial de Cáceres, Cáceres, 2001, pp. 155-9.

[9] Sobre el particular véase VV. AA.: *Programa de acción mundial para las personas con discapacidad y normas uniformes sobre la igualdad de oportunidades para las personas con discapacidad*, Naciones Unidas, y Real Patronato de Prevención y de Atención a Personas con Minusvalía, 2ª ed., Madrid, 1996. Y también VV. AA.: *Propuestas de acción para las personas con discapacidad*, Naciones Unidas y Lumen, Buenos Aires, 1995.

[10] Resolución de la Asamblea General núm. 3447, de 9 de diciembre de 1975.

rios contra los discapacitados: el acceso, la permanencia, y la salida del empleo.

Otros hitos importantes en la actuación de Naciones Unidas en la protección social de los discapacitados lo constituye la adopción, en 1982, del *Programa de Acción mundial para las Personas con Discapacidad*[11], y su decidida recomendación (§ 21) con respecto al establecimiento de una real equiparación de oportunidades en el ámbito del empleo con el objetivo de lograr la *"participación e igualdad plenas"* de los impedidos, así como la *Declaración del Decenio Mundial de las Personas con Discapacidad (1982-1992)*, que comenzó con la calificación del año 1981 como el Año Internacional de los Impedidos, antecedente del año 2003 como el Europeo de la Discapacidad.

Cabe significar, en este ámbito internacional, la preocupación que experimenta la Unión Europea con respecto al tratamiento integral de la discapacidad, que, a su juicio, debería abordarse en el ámbito de Naciones Unidas. Por ello propone, mediante la Comunicación titulada *"Hacia un instrumento jurídicamente vinculantes de las Naciones Unidas para promover y proteger los derechos y la dignidad de las personas con discapacidad"*[12], que sea en el ámbito de las Naciones Unidas donde se elabore un Convenio *"temático"* sobre los derechos de las personas con discapacidad que sirva de base para la ulterior adopción de las políticas antidiscrimatorias ya implementadas en el ámbito europeo para otros colectivos.

## 4. LA NORMATIVA DE LA ORGANIZACIÓN INTERNACIONAL DEL TRABAJO

La OIT como organismo especializado de Naciones Unidas en la problemática del trabajo, del empleo y de su protección

[11] Resolución de la Asamblea General núm. 3752, de 3 de diciembre de 1982.

[12] COM (2003)16 final, de 24 de enero de 2003.

social, ha adoptado diversos instrumentos jurídicos sobre la discriminación en el acceso, permanencia y salida del mercado laboral, entre los que se incluye la discapacidad como factor determinante.

Así, aunque no únicamente dirigido a preservar la discriminación en el empleo por el padecimiento de alguna minusvalía o deficiencia, debe citarse el Convenio (Fundamental) de la Organización número 111, sobre la discriminación en el empleo y la ocupación, adoptado por la Conferencia Internacional en su 42ª reunión en Ginebra, el 25 de junio de 1958[13].

En él se define la discriminación [artículo 1.1.a)] *"como cualquier distinción, exclusión o preferencia* (fundada sobre los criterios que ahora se enunciarán), *que tenga por efecto anular o alterar la igualdad de oportunidades o de trato en el empleo o la ocupación"*. Con esta amplia definición se pretende proscribir cualquier tipo de discriminación que afecte a la igualdad de oportunidades de la que gozan todos los trabajadores (todos los ciudadanos, en realidad), y, de forma más específica, se mencionan expresamente en el precepto los siete criterios que usualmente están en el origen de la discriminación laboral: raza, color, sexo, religión, opinión política, ascendencia nacional y origen social.

Entre estos crierios no se menciona, (desde luego no expresamente) la discapacidad del trabajador como circunstancia excluyente de su acceso y permanencia en el empleo. A pesar de ello la Comisión de Expertos en Aplicación de Convenios y Recomendaciones (organismo de la propia OIT compuesto por prestigiosos juristas que, reunidos una vez al año, elaboran un informe, que sirve de base para las discusiones en la Conferencia Internacional, sobre la conformidad de las legislaciones y prácticas de los Estados miembros con respecto a la aplicación de los Convenios de la Organización), consideró (temprana-

[13] Dicho Convenio fue ratificado por España el 26 de octubre de 1967, y su publicación en el B.O.E. se produjo el 4 de diciembre de 1968.

mente) en 1966, tras el análisis de lo dispuesto en el artículo 1.1.b) del Convenio que dispone que también se considerará discriminación *"cualquier otra distinción, exclusión o preferencia que tenga por efecto anular o alterar la igual de oportunidades o de trato en el empleo u ocupación..."*, que, en el ámbito de aplicación del Convenio núm. 111, debía incluirse también la circunstancia de discriminación por razón de invalidez o estado de salud del sujeto, en clara referencia a las deficiencias psicofísicas generalmente origen de las minusvalías[14].

La trascendencia de la inclusión de la discriminación por razón de discapacidad, al menos desde la interpretación que se hace de la misma en el ámbito del Convenio núm. 111, tiene una gran trascendencia en el desarrollo posterior de la legislación de este organismo internacional. Al menos por dos razones.

En primer lugar, porque la Comisión de Expertos realiza lo que podríamos considerar la interpretación auténtica de los Convenios Fundamentales del Trabajo, y aunque es descabellado otorgarle a dicha interpretación valor normativo, por otra parte no previsto en el sistema jurídico de la OIT, sí es cierto que sus decisiones gozan de un gran prestigio como referente interpretativo, y son usualmente seguidas por los países firmantes de los Convenios que se interpretan, constituyendo, en definitiva, un conjunto documental de gran validez en la hermenéutica de las normas de la Organización.

Y, en segundo lugar, porque el referido Convenio núm. 111 de 1958 goza de la cualidad de Fundamental, tras la Declaración que la Organización hizo en 1998 en este sentido. Ello supone, en esencia, que la problemática de la no discriminación, junto con otras tres materias que se relacionan con los Derechos Humanos del Trabajo (la abolición de la esclavitud y del trabajo forzoso, la proscripción del trabajo infantil, y el

---

[14] En este sentido véase VALTICOS, N.: *Derecho Internacional del Trabajo*, Tecnos, Madrid (trad.: Mª José Triviño), 1977, p. 273. Igualmente AA. VV.: *Derechos Fundamentales en el trabajo y normas internacionales del trabajo*, OIT y MTAS, Madrid, 2003, p. 102.

reconocimiento de la libertad sindical y la eficacia de los convenios colectivos), así como los Convenios dictados sobre estas materias (entre los que se incluye el núm. 111 que estamos comentando) tienen eficacia jurídica vinculante para todos los países miembros de la organización, con independencia de que efectivamente hayan suscritos los convenios que se han dictado sobre las materias consideradas fundamentales[15].

Es decir, se entiende que la sola participación de un Estado en el sistema institucional de la OIT le obliga a respecta el contenido normativo de dichos Convenios Fundamentales, incluso en el supuesto de que no los hayan signado, y (por tanto) no los hubiesen incorporado a su ordenamiento interno por los cauces que en cada caso sean de aplicación. La ausencia formal de ratificación de dichos Convenios en los ordenamientos internos no puede argüirse como causa de la excluyente aplicación de su contenido en dicho territorio, constituyendo esta particularidad la base sobre la que se sustenta la eficacia general de los Convenios Fundamenales que determinó la declaración de 1998.

Desde el punto de vista de la aplicación objetiva del Convenio parece claro que la protección de la discapacidad en el empleo queda circunscrita únicamente a la proscripción de la discriminación. No obstante la eficacia limitada de su ámbito de aplicación, ha de afirmarse que el reconocimiento de la no discriminación como Derecho Humano Fundamental del Trabajo sirve de basamento para una ulterior actuación de la OIT en el tratamiento de la discriminación en el empleo por razones de discapacidad, en la medida en que las materias consideradas fundamentales engarzan con los fines programáticos de la Organización, expresados en su Constitución de 1919 y refundidos en la Declaración de Filadelfia de 1944,

---

[15] Sobre la trascendencia de esta consecuencia, especialmente para el ámbito de las legislaciones internas de los países miembros, véase BONET PÉREZ, J.: *Principios y derechos fundamentales en el trabajo. La declaración de la OIT de 1998*, Universidad de Deusto, Bilbao, 1999, pp. 23-8.

legitimando, por esta sola causa, una ulterior acción normativa de la Organización en la materia.

Por ello, precisamente, se aborda de manera específica esta problemática en el Convenio número 159, sobre la readaptación profesional y el empleo de personas inválidas, adoptado por la Conferencia Internacional en su 69ª reunión celebrada en Ginebra, el 20 de junio de 1983, y ratificado por España tiempo después[16].

Es decir, es la insuficiencia del Convenio Fundamental núm. 111 en su limitada previsión de todas las posibles formas de discriminación que pueden deducirse de sus principios, la circunstancia determinante de la adopción del Convenio núm. 159[17], que se completa con la Recomendación núm. 168 sobre la readaptación profesional y el empleo de personas inválidas, de 22 de junio de 1983, es decir, del mismo día en que se adoptó el Convenio núm. 159[18].

El ámbito aplicativo del Convenio núm. 159 no se circunscribe (sólo) a proscribir cualquier forma de discriminación por

---

[16] Concretamente el 17 de julio de 1990. Su publicación en el B.O.E. se produjo el 23 de noviembre de 1990.

[17] En este sentido VON POTOBSKY, G. W., y BARTOLOMEI DE LA CRUZ, H. G.: *La Organización Internacional del Trabajo*, Astrea, Buenos Aires, 1990, pág. 458, nota pie de página núm. 73.

[18] Como se sabe, las Recomendaciones OIT no se destinan a crear obligaciones jurídicas directas en el plano internacional como los Convenios, por ello no están abiertas a la ratificación por parte de los Estados miembros de la organización, sino que se adoptan, también el seno de Conferencia Internacional del Trabajo, con el objetivo de dirigir y orientar la acción política, legislativa y práctica de los gobiernos, o bien para aclarar la interpretación de un Convenio con el que se relaciona. Véase, en este sentido, lo afirmado, en la S TC 184/1990, de 15 de noviembre, cuando declara que las recomendaciones son "*...'textos orientativos.../...sin eficacia vinculante', que sólo operan, en su caso, como criterios interpretativos y aclaratorios de los criterios que la propia OIT no ha terminado por recoger en sus Convenios, conscientemente de que los mismos conforman mínimos normativos, cuya mejora en el sentido de lo recomendado es deseable y en cuanto tal se impulsa por la Organización Internacional, pero sin imponerlo a las legislaciones nacionales*". En idéntico sentido véase la S TC 38/1981, de 23 de noviembre.

razón de la minusvalía o discapacidad que padezca el sujeto en la línea de lo afirmado en el Convenio núm. 111 –que también–, sino que el cúmulo de medidas que prevé son de mucho más calado, como se verá a continuación, y los compromisos a los que se obligan los Estados firmantes de los mismos mucho más profundos en lo que importa a su legislación interna.

El Convenio aporta una definición muy precisa de persona inválida a efectos laborales. Así se considera como tal (artículo 1) a "*toda persona cuyas posibilidades de obtener y conservar un empleo adecuado y de progresar en el mismo queden sustancialmente reducidas a causa de una deficiencia de carácter físico o mental debidamente reconocida*". Como bien puede colegirse, la expresión "*obtener y conservar un empleo*" es idéntica a la que previó con anterioridad la Declaración de Naciones Unidas de 1975 relativa a los Derechos de los Impedidos. La interconexión conceptual, como no podía ser de otra forma en organismos muy relacionados entre sí, es, más que evidente, palmaria, y tiene el mérito de aportar una definición homogénea de discapacitado a efectos laborales en ambos ámbitos internacionales.

A tenor de lo dispuesto en sus arts. 3 y 4 del referido Convenio núm. 159 los Estados miembros se comprometen a adoptar, dentro de sus respectivos ámbitos competenciales, una política de readaptación profesional, así como a promover oportunidades en el empleo para las personas invalidas en el mercado regular de trabajo, basándose esta política en la igualdad de oportunidades entre los trabajadores inválidos y los trabajadores no impedidos.

Lo que se pretende con ambas proposiciones, en definitiva, es la potenciación de la integración 'normalizada' de los discapacitados, es decir, su participación en el sistema productivo ordinario dentro del "*mercado regular de empleo*" (artículo 3 *in fine* Convenio núm. 159).

Fuera de este sistema específico de promoción del empleo regular u ordinario de los trabajadores discapacitados, figura lo que en terminología de la OIT se conoce como el sistema de trabajo 'protegido', que es el que agrupa a discapacitados con el objeto de proporcionarles un empleo con fines terapéuticos o asistenciales, es decir, sin pretender que el ejercicio de actividad laboral por su parte puede ejercerse en una concurrencia competitiva con trabajadores no discapacitados[19], que es la característica esencial de lo que la OIT denomina 'empleo asistido', que es el que pretende potenciar el Convenio de referencia desde la consideración de que el trabajo ejercitado por el trabajador incapacitado debe poder *"ser realizado por cualquier otro trabajador"* no incapacitado[20].

Como aspecto muy significativo del Convenio núm. 159 cabe señalar lo dispuesto en su artículo 4, cuando después de afirmar que la política nacional que emprendan los Estados miembros firmantes del acuerdo asumen que su ordenamiento debe basarse *"en el principio de igualdad de oportunidades entre los trabajadores inválidos y los trabajadores en general"*, y que deben, además, respectar *"la igualdad de oportunidades y de trato para trabajadoras inválidas y trabajadores inválidos"*, precisando que *"las medidas positivas especiales encaminadas a lograr la igualdad efectiva de oportunidades y de trato entre los trabajadores inválidos y los demás trabajadores no deberán considerarse discriminatoria respecto de estos últimos"*[21].

Repárese en dos matices muy interesantes del precepto trascrito. En primer lugar, que se señala expresamente como

---

[19] Sobre este sistema véase VISIER, Laurent: "Relaciones laborales en los sistemas de trabajo protegido para personas minusválidas", Revista Internacional del Trabajo, Vol. 117 (1998), núm. 3, págs. 371 y ss.

[20] KÖNIG, Andreas, y SCHALOCK, Robert L.: "Empleo asistido: Igualdad de oportunidades para hombres y mujeres gravemente incapacitados", Revista Internacional del Trabajo, Vol. 110, 1991, núm. 1, pág. 110.

[21] Su funcionamiento práctico puede verse en HODGES-AEBERHARD, J.: "La acción positiva en el empleo, un concepto espinoso para los tribunales", Revista Internacional del Trabajo, Vol. 118, (1999), núm. 3.

Sobre la influencia del precepto en nuestro ordenamiento interno, véase SEMPERE NAVARRO, A. V.: "El trabajo de los minusválidos tras el RD 427/1999, de 12 de marzo", AS, Vol. V, 1999.

sujetos incluidos en el ámbito subjetivo de la norma a las "*trabajadoras inválidas*", probablemente como fórmula de no dejar sin cobertura, por una insuficiencia lingüística de la dicción del precepto que así se evita, a las mujeres que padecen algún tipo de deficiencia o discapacidad. Se proscribe así indirectamente no sólo la discriminación por razón de discapacidad, sino también la que se produciría entre discapacitados de distinto sexo en el acceso, permanencia y salida del mercado regular de trabajo.

Pero el aspecto más trascendente de la regla lo constituye, en segundo lugar, la mención que realiza el referido artículo 4 del Convenio núm. 159 a las medidas de "*acción positiva*" como fórmula de asegurar, mediante un tratamiento discriminatorio inverso al que acontece en la realidad social, la efectividad de las medidas legislativa que los estados deben adoptar para cumplir los designios igualitarios de la norma, según exige el artículo 5 del Convenio. La misma medida de acción positiva se prevé en el artículo 9 de la Recomendación núm. 168 de la OIT reseñada, cuando afirma, en términos prácticamente idénticos a lo dispuesto en el artículo 4 del Convenio núm. 159, que "*las medidas positivas especiales destinadas a lograr la igualdad efectiva de oportunidades y de trato entre los trabajadores inválidos y los demás trabajadores no deberían considerarse discriminatorias respecto de estos últimos*". Es decir, que el tratamiento discriminatorio que este precepto pretende con respecto a determinados trabajadores para favorecer su acceso al empleo no puede interpretarse como un atentado contra el sacrosanto principio de igualdad que, en este caso, cede ante bienes jurídicos dignos de mayor tutela.

En el ámbito de la OIT las medidas de acción positiva se definen, desde este asidero normativo, como "*un conjunto coherente de medidas temporales, encaminadas con carácter específico a remediar la situación de los miembros del colectivo a que van destinadas en uno o varios aspectos de su vida social para alcanzar una igualdad efectiva"*[22]. Su utilización como fórmula de crecimiento sostenido del empleo de determinados colectivos desfavorecidos tradicionalmente en el acceso o permanencia regular en un puesto de trabajo ha conseguido los objetivos deseados, elevando incluso las tasas de productividad de los sectores económicos que las han empleado frecuentemente, en contra de los augurios que pronosticaban que su utilización reportaría un atraso para el crecimiento económico, en términos de productividad de la mano de obra empleada[23].

Los programas en los que se concretan las referidas medidas suelen consistir, en términos generales, en alguno de los tres siguientes: el establecimiento de un sistema de contratación obligatoria de personas desfavorecidas en el sector público; la adopción de un sistema voluntario en el sector privado, alentado desde el poder público mediante la subvención de determinados costes sociales que se relacionan con la contratación de estos trabajadores, o bien, en tercer lugar, la adopción de un sistema mixto que combine ambas medidas[24].

Las medidas de acción positiva también han sido muy utilizadas en el ámbito jurídico de la Unión Europea, como se tendrá ocasión de exponer *infra*, especialmente para promover la contratación de mujeres como colectivo tradicionalmente excluido del mercado regular de empleo. Su fundamento y operatividad la explica la S TC 17/2003, de 30 de enero al afirmar que *"la prohibición de discriminación contenida en el art. 14 CE*

[22] Director General de la OIT: La hora de la igualdad. Informe global... ob. cit., pág. 70.

[23] Así, tanto la crítica como los resultados de su empleo, véase: Director General de la OIT: La hora de la igualdad. Informe global... ob. cit., pág. 73-6, con unos interesantes cuadros prospectivos sobre las acciones positivas empleadas en la lucha contra la discriminación racial, aunque no específicamente estudiados con respecto a la discriminación por razón de discapacidad.

[24] VOGEL-POLSKY, E.: "Los programas de acción positiva en provecho de las mujeres", Revista Internacional del Trabajo, Vol. 104, núm. 2, abr.-jun. 1985, pp. 239-41.

*representa una explícita interdicción frente al mantenimiento de determinadas diferenciaciones históricamente muy arraigadas y que han situado a sectores de la población, tanto por la acción de los poderes públicos como por la práctica social, en posiciones no sólo desventajosas sino abiertamente contrarias a la dignidad de la persona que reconoce el art. 10 CE".*

La utilización de esta medidas para la promoción del empleo de trabajadores discapacitados ha sido mucho más limitada que para la promoción del trabajo femenino, aunque el acervo normativo y jurisprudencial empleado para la interdicción de la arbitrariedad frente a este colectivo puede ser muy útil para la consecución del paradigma igualitario del que hablábamos *supra* para los discapacitados.

El Convenio núm. 159 de la OIT, se constituye, en fin, hacia el ámbito europeo, como el primer referente en la utilización de las medidas de acción positiva para incentivar la contratación de trabajadores discapacitados, y en el ámbito nacional, para legitimar la aprobación de la Ley 13/1982, de 7 abril, de Integración Social de los Minusválidos[25], que, basándose singularmente en lo dispuesto en el referido artículo 4, estableció un porcentaje de reserva del dos por ciento para la obligatoria contratación de trabajadores discapacitados en aquellas empresas, tanto públicas como privadas, que cuenten con cincuenta o más trabajadores en su plantilla[26].

Repárese en la importancia para nuestro ordenamiento interno de esta disposición que, por excepción, constituye una de las escasas restricciones normativas a la libertad de empresa que juega libremente en el momento inicial de la constitución

[25] Como se reconoce, por ejemplo, en las SS TSJ de Navarra (Social), de 31 de enero de 2003 (JUR 2003\84194), de 30 de abril de 1998 (AS 1998\6165), y de 30 de marzo de 1993 (AS 1993\1279). Igualmente véase la S JS de Girona, de 22 de diciembre de 2000 (AS 2000\1131).

[26] Expresamente en este sentido, véase la S TS (Sala de lo Contencioso-Administrativo, Sección 4ª), de 4 febrero 2002 (RJ 2002\10168).

de la relación laboral[27], pues aunque la eficacia de los Derechos Fundamentales (entre ellos la igualdad) suele negarse en las relaciones entre particulares, es igualmente cierto que la autonomía de éstos se encuentra "*...limitada sólo por la prohibición de incurrir en discriminaciones contrarias al orden público constitucional, como son entre otras las que se indican en el art. 14 CE*" (S TC 108/1999, de 8 de junio), afirmando también que el art. 14 CE constituye "*un límite al ejercicio de la libertad empresarial de contratación, también aplicable a la fase de acceso al empleo*" (S TC 41/1999, de 22 de marzo). Es decir, que aunque al sector privado no le es aplicable el principio de igualdad en la contratación de los trabajadores, sí lo es la prohibición de discriminación[28], de lo que se colige la proscripción de la discriminación en el empleo por motivos de la discapacidad que sufra el trabajador.

Precisamente sobre este Convenio núm. 159 ha construido el Tribunal Constitucional una de las 'ideas fuerza' que sobre el tratamiento discriminatorio se manejan actualmente, al declarar que la lista de motivos de igualdad establecidos en el artículo 14 de la Constitución (entre los que no se menciona la discapacidad de forma expresa) no es cerrada, pues el propio precepto permite la existencia de 'otros motivos' discriminatorios cuando refiere que tampoco pueden establecerse discriminaciones por la existencia de "*cualquier otra condición o circunstancia personal o social*"[29], y que, en consonancia con

---

[27] Así, SAGARDOY BENGOECHEA, J. A., y GIL Y GIL, J. L.: "Los derechos constitucionales del empresario", en VV. AA. (Dir.: SEMPERE NAVARRO, A. V.; Coord. MARTÍN JIMÉNEZ, R.): *El modelo social en la Constitución Española de 1978*, MTAS, Madrid, 2003, p. 361.

[28] En palabras de GALIANA MORENO, J. Mª, y CÁMARA BOTÍA, A.: "Igualdad y no discriminación en las relaciones laborales", en VV. AA. (Dir.: SEMPERE NAVARRO, A. V.; Coord. MARTÍN JIMÉNEZ, R.): *El modelo social...* ob. cit., p. 349.

[29] Sobre la condición de numerus apertus del precepto constitucional véase CRUZ VILLALÓN, J.: "Igualdad y no discriminación", VV. AA.: *Veinte años de jurisprudencia laboral y social del Tribunal Constitucional*, Tecnos, Madrid, 2001, pp. 271-2.

lo establecido en el artículo 10.2 de la propia Constitución, la lectura de los Derechos Fundamentales de nuestra carta Magna ha de inspirarse en los dispuesto en los Tratados Internacionales de Derechos Humanos suscritos por España, entre los que, por mención directa, ha de incluirse al Convenio núm. 111 de la OIT.

El Tribunal razonaba de la siguiente forma en su S TC 269/1994, de 3 octubre, en el enjuiciamiento de la legitimidad constitucional de una medida de reserva de porcentajes de contratación de empleados minusválidos efectuada por un Gobierno Autonómico: "*La discriminación, tal como es prohibida por el artículo 14 de la Constitución, impide la adopción de tratamientos globalmente entorpecedores de la igualdad de trato o de oportunidades de ciertos grupos de sujetos, teniendo dicho tratamiento su origen en la concurrencia en aquéllos de una serie de factores diferenciadores que expresamente el legislador considera prohibidos, por vulnerar la dignidad humana. No siendo cerrado el elenco de factores diferenciales enunciado en el artículo 14 CE es claro que la minusvalía física puede constituir una causa real de discriminación. Precisamente porque puede tratarse de un factor de discriminación con sensibles repercusiones para el empleo de los colectivos afectados, tanto el legislador como la normativa internacional (Convenio 159 de la OIT) han legitimado la adopción de medidas promocionales de la igualdad de oportunidades de las personas afectadas por diversas formas de discapacidad, que, en síntesis, tienden a procurar la igualdad sustancial de sujetos que se encuentran en condiciones desfavorables de partida para muchas facetas de la vida social en las que está comprometido su propio desarrollo como personas.../...Lógicamente, la legitimidad constitucional de medidas de esta naturaleza equiparadora de situaciones sociales de desventaja, sólo puede ser valorada en el mismo sentido global, acorde con las dimensiones del fenómeno que trata de paliarse, en que se han adoptado, adecuándose a su sentido y finalidad. Por ello no resulta admisible un argumento que tiende a ignorar la dimensión social del problema y de sus remedios, tachando a éstos de ilegítimos por su impacto desfavorable, sobre sujetos individualizados en los que no concurren los factores de discriminación cuyas consecuencias se ha tratado de evitar".*

Sobre esta resolución del Alto Tribunal se han argumentado un cúmulo de posteriores decisiones judiciales favorables a la legitimidad constitucional de medidas similares, efectuadas por diversas Comunidades Autónomas y Administraciones Locales, en lo referido a la reserva de puestos de trabajo para minusválidos en las ofertas de empleo público que ellas pueden proponer dentro de su respectivo ámbito competencial[30].

## 5. LA POLÍTICA LEGISLATIVA DE LA UNIÓN EUROPEA

Para apreciar correctamente cuál ha sido la evolución de la política de la Unión en el tratamiento legislativo del fomento del empleo de los trabajadores discapacitados es necesario analizar cómo el desarrollo normativo ha seguido las líneas de tendencia expresadas en los textos fundacionales de la Unión, por lo que se aconseja un tratamiento diferenciado de la cuestión.

### A. *En los textos institucionales de la Unión*

El Tratado Constitutivo de la Comunidad Europea, en su versión consolidada tras el Tratado de Niza[31], tiene en consideración la discapacidad del ciudadano europeo desde diversos puntos de vista. Así, en el artículo 13.1 encomienda al Conse-

[30] En este sentido véanse, entre otras, las SS TSJ de Murcia (Sala de lo Contencioso-Administrativo, Sección 2ª), de 18 de diciembre de 2002 (JUR 2003\16248); S TSJ de Andalucía (Sevilla) (Social), de 12 de julio de 2002 (AS 2002\3899); S TSJ de Galicia (Sala de lo Contencioso-Administrativo, Sección 1ª), de 14 noviembre de 2002 (JUR 2002\41797); S TS (Sala de lo Contencioso-Administrativo, Sección 7ª), de 13 diciembre 1995 (RJ 1995\9794).

[31] D.O.U.E. de 24 de diciembre de 2002.

jo, como objetivo programático de la política de la Unión, la posibilidad de "*adoptar acciones adecuadas para luchar contra la discriminación por motivos de sexo, de origen racial o étnico, religión o convicciones, discapacidad, edad u orientación sexual*". Se asegura con ello, en el pórtico del texto base del funcionamiento orgánico de la Unión y como principio que ha presidir su acción normativa, la proscripción de toda forma de discriminación basada en la discapacidad de sus ciudadanos.

En el mismo Tratado, ya en su Título XI, dedicado a la Política Social, de Educación, de Formación Profesional y de Juventud, en su artículo 136 se reconoce —evocando los objetivos programáticos establecidos en la Carta Comunitaria de los Derechos Sociales Fundamentales de los Trabajadores de 1989–, como objetivo de la política social de la Unión la lucha contra cualquier clase de discriminación, entre las que cabe incluir la referida a motivos personales como lo es la discapacidad.

La Carta Social a la que se hace referencia fue aprobada el 9 de diciembre de 1989, en forma de Declaración, por parte de todos los Jefes de Estado o de gobierno de los Estados miembros con excepción del Reino Unido, y aunque carece de una eficacia jurídica vinculante plena, se considera un instrumento político que refiere "*obligaciones morales*" destinadas a garantizar el respeto de determinados derechos sociales en los Estados miembros, y se pretende que los órganos institucionales de la Unión en su proceder legislativo reconozcan estos principios como rectores de su actuación normativa. Entre ellos figura el principio (artículo 26-1) de que "*Todo minusválido, cualesquiera que sean el origen y la naturaleza de su minusvalía, debe poder beneficiarse de medidas adicionales concretas encaminadas a favorecer su integración profesional y social*". La mención que emplea el inciso a las "*medidas adicionales concretas*" ha servido de base para que la política de la Unión articule las conocidas como "*medidas de acción positiva*", como se verá más adelante.

El antecedente más inmediato de esta Carta, lo constituye la Carta Social Europea, firmada en Turín el 18 de octubre de 1961, y ratificada por España el 29 de abril de 1980[32]. Dicha Carta fue revisada el 3 de mayo de 1996, pero no ha sido ratificada aún por España, no formando parte, por ello, de nuestro ordenamiento jurídico[33].

En el artículo 15 de la Carta revisada las partes firmantes se comprometen: "*1. a tomar las medidas adecuadas para procurar a las personas minusválidas orientación, educación y formación profesional.../...* (y) *2. a promover su acceso al empleo mediante todas las medidas encaminadas a estimular a los empleadores para que contraten y mantengan empleadas a las personas minusválidas en el entorno habitual de trabajo y a adaptar las condiciones de trabajo a las necesidades de los minusválidos o, cuando ello no sea posible por razón de la minusvalía, mediante el establecimiento o la creación de empleos protegidos en función del grado de incapacidad...*".

Aun cuando la eficacia jurídica de lo dispuesto en esta segunda Carta no es vinculante –como decimos– para los países de la Unión, constituyendo una mera declaración de intenciones políticas con respecto a los derechos que regula, sí es cierto que instituye el zócalo sobre el que se edifica la protección social de la Unión.

Ciertamente, y como afirma DE LA VILLA, la Carta Comunitaria de los Derechos Sociales Fundamentales de los Trabajadores de 1989 constituye, a lo sumo, un "adorno en la vitrina comunitaria", aunque tiene el mérito de conformar la etapa preconstitucional de la incorporación de los derechos

[32] B.O.E. de 26 de junio.

[33] Un análisis de la original carta, con especial referencia a los "grupos vulnerables", en DIAZ BARRADO, C.: "La Carta Social Europea: un instrumento válido para el desarrollo de los derechos sociales en Europa", en VV. AA.: *Política Social Internacional y Europea*, MTAS y Universidad Carlos III de Madrid, Madrid, 1996, pp. 231 y ss.

sociales al TUE[34], además de haber guiado los Programas de Acción Social de la Comunidad[35] y algunas directivas comunitarias de protección social[36], configurándose como el momento clave en el que la Unión (entonces Comunidad) se convence de la necesidad de asegurar que el espacio económico interior debe estar asentado no sólo –ni siquiera prioritariamente– en políticas industriales, económicas y monetarias, sino también en políticas sociales que garanticen los valores comunes de civilización que imperan en la generalidad de los Estados miembros del Espacio Político Europeo[37].

La idea que subyace en la Carta de 1989, es crear un espacio social comunitario en parangón con el mercado común único. No obstante sus altos propósitos, su no oponibilidad frente al no cumplimiento de sus mandatos, su insuficiencia en lo que respecta a la determinación concreta de los derechos que establece, y las dificultades intrínsecas con respecto a su efectividad jurídica en el orden interno de los países miembros, aconsejaron, en fin, la adopción de instrumentos jurídicos más completos que normasen los derechos fundamentales (no sólo los del ámbito laboral) de los ciudadanos europeos.

Las manifestaciones principales de esta tendencia lo constituyen: el "Programa de Acción para la aplicación de la Carta Comunitaria de los Derechos Sociales Fundamentales de los

---

[34] DE LA VILLA GIL, L. E.: "La Carta de los Derechos Fundamentales de la Unión Europea", RMTAS, núm. 32, 2001, p. 19.

[35] En concreto: "El Programa de acción social a medio plazo 1995-1997", y el "Programa de acción social 1998-2000". Sobre esta concreta influencia véase GÓNZALEZ ORTEGA, S.: "La Carta Comunitaria de Derechos Sociales Fundamentales de los Trabajadores", en VV. AA.: *Política Social Internacional...*, ob. cit., p. 324.

[36] Así, DE LA VILLA DE LA SERNA, P.: "Las Tres "Cartas" Europeas sobre Derechos Sociales", RMTAS, núm. 32, 2001, p. 274.

[37] En este sentido GARCÍA-PERROTE ESCARTÍN, I.: "Concepto, contenido y eficacia del derecho social internacional y del derecho social comunitario", RMTAS, núm. 2, 1997, p. 41.

Trabajadores", aprobada en 15 de diciembre de 1989[38], que sirve de base para la adopción de diferentes documentos (Libro Verde sobre la Política Social Europea. Opciones para la Unión[39], y Libro Blanco sobre Política Social Europea, un paso adelante para la Unión[40]) así como para la adopción del "Programa de Acción a medio Plazo (1995-1997)" antecedente, a lo que a nosotros nos importa, del "Tercer Programa de Acción Comunitaria a favor de los Minusválidos de 1992", adoptado por Decisión del Consejo, de 25 de febrero de 1993[41], que se integra en el Programa de Acción Comunitaria para luchar contra la Discriminación (2001-2006)[42] del que se desgaja el Plan de Acción Europea en materia de discapacidad 2004-2005, instaurado por la Comunicación de la Comisión al Consejo, al Parlamento Europeo, al Comité Económico y Social Europeo y al Comité de las Regiones. Igualdad de oportunidades para las personas con discapacidad: un plan de acción europeo[43]; instrumentos, todos ellos, que sirven de base para la aprobación de la Resolución del Consejo de 15 de julio de 2003 sobre el fomento del empleo y de la inclusión social de las personas con discapacidad[44].

Es necesario citar, dentro de la Política legislativa de la Unión en la protección de los discapacitados, las disposiciones que se establecen en la Carta de los Derechos Fundamentales de la Unión Europea, hecha en Niza el siete de diciembre de

---

[38] Sobre todo este desarrollo legislativo encadenado véase GÓNZALEZ ORTEGA, S.: "La Carta Comunitaria de Derechos Sociales Fundamentales de los Trabajadores", en VV. AA.: *Política Social Internacional* , ob. cit., p. 311 y ss.

[39] Sus principales objetivos pueden verse en http://europa.eu.int/scadplus/leg/es/cha/c10111.htm

[40] Sus líneas de actuación en: http://europa.eu.int/scadplus/leg/es/cha/c10112.htm

[41] D.O.C.E. de 9 de marzo de 1993.

[42] Decisión 2000/750/CE del Consejo, de 27 de noviembre de 2000. D.O.U.E. de 2 de diciembre de 2000

[43] COM (2003) 0650 final, de 30 de octubre de 2003.

[44] D.O.U.E. de 24 de Julio de 2003.

2000[45] —cuyo antecedente, como decimos, lo constituye la Carta de 1989–, y que reconoce, entre los derechos y libertades que regula, en relación con la discapacidad, dos aspectos muy interesantes. En primer lugar, prohíbe (artículo 21.1) cualquier clase de discriminación, y, en particular la ejercida por razón de discapacidad. En segundo lugar, reconoce y respeta (artículo 26) el derecho de las personas discapacitadas a beneficiarse de medidas que garanticen su integración profesional. Ambos derechos son aplicables tanto en las instituciones de la propia Unión Europea, como en los Estados miembros cuando apliquen el Derecho de la Unión (artículo 51.1) y tienen su fundamento en los Tratados institucionales de la misma (artículo 52.2), con lo que ello comporta en su ulterior acción normativa en vía interna.

El valor jurídico de esta "tercera Carta", entendido como ejercicio de los derechos concedidos con plenitud de protección por los tribunales comunitarios, es escasa, pues[46]: enuncia derechos no exigibles frente a las instituciones europeas por parte de sus titulares; los incumplimientos de sus disposiciones no pueden ser amparados por el Tribunal de Justicia de la Comunidad Europea, ni cuando procedan de órganos de la propia Unión, ni cuando procedan de algún Estado miembro; y, por último, no existe propósito alguno –al menos explícito– de incorporar sus previsiones a los Tratados fundamentales de la Unión, siendo este último punto el más criticable por lo que supone de construcción jurídica 'en vacío' sin pretensiones de exigibilidad directa e inmediata[47].

Con todo, el mérito (concebible, aunque imprevisible en el cuándo) de esta carta lo constituirá su desaparición tras la adopción de una Constitución para Europa, de una Constitu-

[45] D.O.U.E. de 18 de diciembre de 2000.

[46] Se sigue aquí a DE LA VILLA GIL, L. E.: "La Carta de los Derechos...", ob. cit., pp. 21-2.

[47] Expresamente en este punto DE LA VILLA DE LA SERNA, P.: "Las Tres "Cartas" Europeas...", ob. cit., p. 274.

ción Europea, que reconozca los derechos expresados en la misma (ampliados o no con otros catálogos) con la categoría de Derechos Públicos Subjetivos del ciudadano, oponibles eficazmente *erga omnes* y de efectividad plena, tanto en las relaciones de la Unión con los Estados miembros, como en la vinculación del ciudadano con la propia Unión, y los Estados que la componen.

El Proyecto de Tratado por el que se instituye una Constitución Para Europa, Adoptado por consenso por la Convención Europea el 13 de junio y el 10 de julio de 2003 (2003/C 169/01)[48] contenía alguna referencia a los discapacitados con relación al empleo. Así, en su Artículo II-21 se declara el derecho de los discapacitados a no ser discriminados por esta razón, y en su Artículo II-26, titulado: *"Integración de las personas discapacitadas"*, se les reconoce el Derecho *"a beneficiarse de medidas que garanticen su autonomía, su integración social y profesional"*, previéndose en su Artículo III-3 una acción decidida de lucha contra toda discriminación por motivos de discapacidad.

Por su parte, el Artículo III-103 dispone como objetivo de la Unión *"el fomento del empleo"*, teniendo presente a estos efectos lo dispuesto en la Carta comunitaria de los derechos sociales fundamentales de los trabajadores de 1989, que aunque, como decimos, se adoptó en forma de Declaración, sigue sirviendo de base para la edificación de los derechos sociales de la Unión.

De todos este acervo normativo puede colegirse, claramente, varias líneas de tendencias consolidadas con respecto al empleo de los trabajadores discapacitados.

En primer lugar, que no pueden existir en el ámbito de la Unión discriminaciones por razón de discapacidad en el acceso, ejercicio, permanencia, promoción, formación, y salida del mercado laboral, protegiendo todos los ámbitos pensables de la relación laboral en los que pudiera existir un tratamiento discriminatorio por razón de la discapacidad del sujeto; en

[48] D.O.U.E. de 18 de julio de 2003.

segundo lugar, que ha de abogarse por una integración plena de los discapacitados en todos los ámbitos de la vida social, también, por tanto, en aquellos referidos al empleo, circunstancia que permite albergar políticas de 'acción positiva' en lo que respecta al fomento del empleo de los trabajadores discapacitados, con el objetivo de subvertir la tendencia natural a la exclusión en este ámbito que estos ciudadanos padecen; y, por último, en tercer lugar, que la Unión Europea asume como uno de los objetivos prioritarios de su política legislativa la creación neta de empleo, acorde con los designios expresados en los textos fundacionales de la misma, argumento que permite la concesión de ayudas, en determinadas circunstancias, a grupos específicos de trabajadores, sin que ello supongan una vulneración de las reglas de competencia que se estipulan como uno de los pilares de la Unión en lo que respecta al tráfico de bienes y servicios por el mercado interior.

### *B. Ámbitos concretos de actuación*

La proyección de las directrices marcadas por los textos fundacionales e institucionales de la Unión se articula y desarrolla en multitud de áreas.

En la que ahora nos interesa, en relación con el empleo de los trabajadores discapacitados, principalmente en una genérica referida al trato no discriminatorio por razón de la discapacidad que padece el sujeto, y en otras dos mucho más específicas, una relativa a la elevación del umbral formativo de los trabajadores discapacitados, y otra referida a las acciones promociónales dirigidas a fomentar el empleo de los trabajadores discapacitados. A su vez, y como fórmula complementaria que asegure la efectividad del principio de igualdad de trato, se ha previsto una regulación específica sobre el acoso en el trabajo por motivos de discapacidad, en la línea de lo previsto anteriormente con respecto al acoso sexual en el trabajo.

### a. El principio general de igualdad de trato en el empleo y la ocupación y sus manifestaciones concretas

La Directiva 2000/78/CE del Consejo, de 27 de noviembre de 2000, relativa al establecimiento de un marco general para la igualdad de trato en el empleo y la ocupación[49], proscribe, con carácter general (artículo 1) cualquier tipo de discriminación por motivos de discapacidad en el *"ámbito del empleo y la ocupación"*, dictándose con el propósito de que en los Estados miembros se aplique, hasta sus últimas consecuencias, el principio de igualdad de trato en el desarrollo de la actividad laboral de sus ciudadanos.

Se sigue aquí la línea ya trataza por la Directiva 76/207/CEE, de 9 de febrero de 1976, del Consejo, relativa al principio de igualdad de trato entre hombres y mujeres en lo que se refiere al acceso al empleo, a la formación y promoción profesionales, y las condiciones de trabajo[50] (modificada profundamente por la reciente Directiva 2002/73/CE, del Parlamento, de 23 de septiembre[51]), de éxitos indudables en este sectorial ámbito igualitario, y que se completa con lo previsto en la Directiva 2000/43/CE, de 29 de junio, relativa a la aplicación del principio de igualdad de trato de las personas independientemente de su origen racial o étnico[52].

---

[49] D.O.U.E. de 2 de diciembre de 2000.

[50] D.O.C.E. de 14 de febrero de 1976.

[51] D.O.U.E. de 5 de octubre de 2002. Sobre la trascendencia de la modificación véase CAVAS MARTÍNEZ, F.: "Avanzando por la senda de la igualdad entre géneros. (Noticia breve de la Directiva 2002/73/CE del Parlamento Europeo y del Consejo, de 23 de septiembre de 2002 que modifica la directiva 76/207/CEE)", AS, núm. 12/2002. Igualmente véase DE MIGUEL DE LA CALLE, P.: "Igualdad de oportunidades entre hombres y mujeres. Acceso al empleo, a la formación y a la promoción profesionales y a las condiciones de trabajo. La modificación de la Directiva 76/207/CEE del Consejo, por la Directiva 2002/73/CE del Parlamento Europeo y del Consejo", RMTAS, núm. 42, 2003, pp. 140 y ss.

[52] D.O.U.E. de 19 de julio de 2000.

Todo ello enmarcado en la Decisión del Consejo, de 27 de noviembre de 2000, por la que se establece un Programa de Acción Comunitaria para luchar contra la discriminación (2001-2006)[53], en el que se reconoce (parágrafo 7 de la exposición de motivos), que *"aunque los diversos motivos de discriminación puede tener características similares y se puede luchar contra ellos con medios parecidos.../...se debe dar cabida a las características específicas de las diversas formas de discriminación (debiendo) tenerse en cuenta las necesidades especiales de las personas con discapacidades para facilitar su acceso a actividades y obtener resultados"*, todo ello como objetivo primario de consecución, o vinculándose con otros programas de la Unión, incluidos los relativos al fomento del empleo (artículo 8.1).

La propia Directiva 2000/78/CE se encarga de definir cuándo existe discriminación, en la línea de lo ya observado por el modificado artículo 2.2 de la Directiva 76/207/CEE por la Directiva 2002/73/CE, y en el mismo sentido en que se expresa la Directiva 2000/43/CE ya mencionada.

Así, existirá ésta, de forma directa, *"cuando una persona, sea, haya sido o pudiera ser tratada de manera menos favorable que otra en situación análoga"* por la discapacidad que padece [artículo 2.2.a)]. La observación de cuando se produce una discriminación directa parece abocada a la apreciación de criterios objetivos, determinables por los factores empíricos apreciables neutralmente.

Aun siendo necesaria la proscripción de esta discriminación directa en la norma, sobre todo por el efecto *expansivo* (o colateral) que exhibe, no parece que su empleo como mecanismo reactivo se vaya a utilizar en demasía, al menos en un ordenamiento como el nuestro que ya cuenta con proposiciones legales de similar entidad (arts. 4.2.c)-2, y 17.1 ET, en la interpretación que se deduce, del último precepto citado, del criterio mantenido por el TC –anteriormente expuesto– en la

[53] D.O.U.E. de 2 de diciembre de 2000.

inteligencia de los números *clausus* de discriminación previstos en el artículo 14 CE), y tiene mecanismos de tutela suficientemente evolucionados para proscribir, de hecho, el tipo de injusto (civil) que especifica.

Lo que pretende la norma, sin más, es proscribir un trato diferencial basado únicamente en la condición de discapacitado del sujeto en los ámbitos de aplicación de la directiva, que son aquellos que vienen especificados en su artículo 3, tanto en el empleo público, como en el privado, incluyendo aquí también el ejercicio de una actividad profesional por cuenta propia.

En la apreciación de la discriminación indirecta, en cambio, sí pueden existir ricos matices interpretativos. La formulación legal de la discriminación indirecta viene referida en los siguiente términos *"existirá discriminación indirecta cuando una disposición, criterio o práctica aparentemente neutros pueda ocasionar una desventaja particular a personas con.../...discapacidad.../...respecto de otras personas"* [artículo 2.2.b)].

Cabe significar la oportunidad de haber regulado un concepto preciso de qué ha de entenderse por discriminación indirecta, especificidad que se repite, prácticamente en los mismos términos, en la Directiva 2002/73/CE, en la medida en que, hasta entonces, la integración conceptual de la discriminación indirecta había de hacerse por vía jurisprudencial[54].

Los tres ámbitos de proyección de la discriminación indirecta dan cobertura, en principio, a todos las esferas jurídicas de los que emanan las fuentes de la relación laboral en nuestro ordenamiento jurídico (artículo 3.1 ET). Así, la apreciación de la *disposición* abarca, claramente, tanto a la norma legal en sentido estricto, como al convenio colectivo como fuente reguladora de las condiciones de trabajo, comprendiendo también, probablemente, a la costumbre local y profesional. El *criterio*

---

[54] Un elenco de los pronunciamientos en la materia referido a la discriminación indirecta por razón de sexo puede verse en CAVAS MARTÍNEZ, F.: "Avanzando por la senda de la igualdad...", ob. cit.

o *práctica*, singularmente avoca a pensar en el poder directivo del empresario como regulador de las condiciones de empleo en cualquiera de sus manifestaciones: *ius variandi*, movilidad funcional *ex* artículo 39 ET, etc.

Obsérvese, no obstante, que el empleo de la disyuntiva *o* que emplea el precepto para la definición de las circunstancias generadoras del tratamiento discriminatorio que proscribe, puede dar lugar, seguramente, a interpretar esta fuente de discriminación en sentido amplio, de tal forma que la cobertura del inciso abarque cualquier tipo de comportamiento empresarial, desde los singularmente reglados normativamente, hasta la mera tolerancia empresarial.

Repárese, por otro lado, que la proyección objetiva del precepto exige una singularización de las desventajas en el ciudadano-trabajador discapacitado, permitiéndose, en fin, excepciones al principio de igualdad de trato si su establecimiento responde a circunstancias objetivas ciertamente justificables, y siempre que en este proceder no se empleen mecanismos discriminadores.

Es claro, por otro lado, que si la disposición, criterio o práctica no emplea argumentos neutros, la proscripción del tratamiento discriminatorio se aboca a su observación como una circunstancia de discriminación directa.

Con todo, este principio general de igualdad de trato y no discriminación tiene varias excepciones. Una general y otra dos específicas.

La primera excepción a la apreciación absoluta de discriminación indirecta es que dicho trato diferencial, proceda de una disposición o de un criterio o práctica, se justifique objetivamente y se emplee con una finalidad legítima, siempre que los medios utilizados para ello sean adecuados y necesarios [artículo 2.2.b).i)].

Probablemente, el empleo de esta excepción genérica se relaciona con la capacitación propia del sujeto en el empleo que realiza y la relevancia que se deduce de su discapacidad con respecto al ejercicio profesional, en los términos previstos en el artículo 4.1 cuando entiende que no tendrá carácter discriminatorio la diferencia de trato debida *"a la naturaleza de la actividad profesional concreta de que se trate o al contexto en que se lleve a cabo"*, o cuando *"dicha característica constituya un requisito profesional esencial y determinante, siempre y cuando el objetivo sea legítimo y el requisito proporcionado"*. En estos caso, habrá que reconocer que la lógica de la productividad impera sobre el tratamiento igualitario de las personas con discapacidad en su acceso o mantenimiento en el empleo, en los términos en los que actualmente se pronuncia el artículo 4.2.c)-2 ET cuando exige que el tratamiento igualitario a los discapacitados (en relación con los trabajadores no discapacitados) tenga como presupuesto *"que se hallaren* (los discapacitados) *en condiciones de aptitud para desempeñar el trabajo o empleo de que se trate"*[55].

La segunda excepción al principio general, primera de las específicamente previstas en la Directiva, se relaciona con la utilización, por parte del empleador o empresario, de las medidas dispuestas en su legislación interna tendentes a eliminar las desventajas que se observan en la disposición, práctica o criterio [artículo 2.2.b).ii)], siempre que dichas medidas nacionales cumplan con los principios observados en el artículo 5 de la misma Directiva, cuando obliga a que los empresarios tomen *"las medida adecuadas, en función de las necesidades de cada situación concreta, para permitir a las personas con discapacidad acceder al empleo, tomar parte en el mismo o progresar profesionalmente, o para que se les ofrezca formación"*.

---

[55] En este sentido PALOMEQUE LÓPEZ, M. C.: "Derechos fundamentales generales y relación laboral: los derechos laborales inespecíficos", en VV. AA. (Dir.: SEMPERE NAVARRO, A. V.; Coord. MARTÍN JIMÉNEZ, R.): *El modelo social en la Constitución* , ob. cit. Española de 1978. Ed.: MTAS, Madrid, 2003, pág. 236.

El propio precepto refiere, no obstante, que ello será así "*salvo que esas medidas supongan una carga excesiva para el empresario*", entendiéndose que "*la carga no se considerará excesiva cuando sea paliada en grado suficiente mediante medidas existentes en la política del Estado miembro sobre discapacidades*". Es decir, que no puede utilizarse como coartada para incumplir el mandato igualitario previsto en este artículo 5 la existencia de legislación específicamente destinada a fomentar la contratación y permanencia en el empleo de los trabajadores discapacitados.

La tercera excepción, segunda específica, se relaciona con el ejercicio de actividades en el ámbito de las Fuerzas Armadas (artículo 3.4), en el que se permite discriminaciones basadas en la discapacidad del sujeto, probablemente por asimilar la Directiva discapacidad física o intelectual con discapacidad para el ejercicio de actividad profesional en este ámbito.

Por ello, lo más razonable con el espíritu de la Directiva es interpretar la excepción de forma restrictiva, no admitiéndose la aplicación de la premisa en aquellos trabajo en los que, aun formalmente encuadrados en el ámbito de las Fuerzas Armadas, su ejercicio no se relacione con tareas típicas de los sujetos pertenecientes a los referidos cuerpos.

Lo que sugiere, con carácter general, el ámbito de las excepciones de aplicación de la Directiva con respecto a la discriminación indirecta es, en primer lugar, que la apreciación de la misma ha de hacerse individualmente, es decir, que la singularidad de la situación requiere la atención que precise las circunstancias de hecho que rodean el problema, no pudiéndose, en segundo lugar, establecer criterios previos u objetivos de determinación de la excepción de la aplicación del principio de discriminación indirecta.

Muy interesante en la apreciación de la existencia de discriminación indirecta es que los hechos de los que puede deducirse ésta pueden ser apreciados "*incluso a partir de pruebas estadísticas"*, como observa el epígrafe 15 de la exposición de motivos de la Directiva, lo cual constituye la introducción de un parámetro objetivo muy relevante en dicha apreciación, pues no depende de la voluntad individual del empresario o empleador, ni tampoco del (entendimiento del) sujeto presuntamente discriminado de forma indirecta.

Este factor de valoración estadístico se verá complementado con el desarrollo de las acciones previstas en este sentido en el artículo 3.1.a) (y acción III.a) del Anexo que las regula) de la Decisión del Consejo, de 27 de noviembre de 2000, por la que se establece un Programa de Acción Comunitaria para luchar contra la discriminación (2001-2006). Estas previsiones han sido desarrolladas por el Reglamento 1566/2001/CE de la Comisión, de 12 de julio de 2001, por el que se aplica el Reglamento 577/98/CE del Consejo, relativo a la organización de una encuesta muestral sobre la población activa en la Comunidad, en el que se contiene un módulo (en 2002) sobre el empleo de las personas con discapacidad[56].

Una vez definida por la Directiva qué ha de entenderse por discriminación –directa o indirecta–, y tras regular la proscripción del acoso como fórmula vejatoria de discriminación del sujeto discapacitado (artículo 2.3), que se verá seguidamente, y la de cualquier orden, —en el ejercicio regular del empleo, se entiende–, de discriminación directa e indirecta de los mismos (artículo 2.4) ejercida como proyección del poder empresarial en el desarrollo de la actividad laboral, se ocupa la Directiva de regular el ámbito de aplicación de las disposiciones normativas que contiene, afirmando, en esencia, que éstas se aplicarán *"a todas las personas, por lo que respecta al sector público como al privado"* (artículo 3.1), en relación con: el acceso al empleo, por cuenta propia o ajena, teniendo presente, específicamente, los criterios de selección de los trabajadores [artículo 3.1.a)]; en la promoción profesional [artículo 3.1.a)]; en el acceso a todos

[56] D.O.U.E. de 1 de agosto de 2001.

los tipos y niveles de formación o reciclaje profesional [artículo 3.1.b)]; en relación, además, con el ejercicio de la propia actividad profesional, en lo que respecta a las condiciones de empleo y trabajo, incluyendo las condiciones de remuneración y despido [artículo 3.1.c)]; y, por último, en relación con la afiliación y participación en organizaciones de trabajadores y empresarios [artículo 3.1.d)].

También se ocupa la Directiva de establecer medidas muy concretas en lo que respecta al tratamiento discriminatorio de los sujetos discapacitados en el empleo, elevándose a la categoría de instrumento jurídico hábil para la protección integral de la discriminación en el empleo por motivos de discapacidad.

La más importante es la establecida en su artículo 7 cuando permite que los Estados miembros adopten medidas de 'acción positiva' para el fomento del empleo de los trabajadores discapacitados, que, por su importancia, requiere un tratamiento singular, que será observado *infra*, dada su especificidad y la conexión que tiene con lo dispuesto en la normativa de la OIT ya observada anteriormente.

Otras manifestaciones singulares destinadas a la protección del principio de igualdad que pretende la directiva se establecen en otros preceptos de la misma. Así, en su artículo 10 se regula la técnica procesal de la inversión de la carga de la prueba en despidos que tiene visos de discriminatorios, técnica importada de la Directiva que regula la discriminación por razón de sexo y de la Directiva 1997/80/CE, de 15 de diciembre, relativa a la carga de la prueba en los casos de discriminación por razón de sexo[57], y que ya ha sido incorporada, legal y jurisprudencialmente, a nuestro ordenamiento por la interpretación que le ha dado el Tribunal Constitucional a los despidos (nulos, en su determinación concreta) con violación de derechos fundamentales, entre los que se incluye el realizado por causas o motivos discriminatorios constitucionalmente proscritos, entre los que

[57] D.O.C.E. de 20 de enero de 1998.

ha de incluirse los realizados por razón de la discapacidad que sufre el trabajador.

También en el ámbito de lo procesal, se prevé en el artículo 9.2 la institucionalización de una legitimación procesal amplia para las "*asociaciones, organizaciones u otras personas jurídicas que, de conformidad con los criterios establecidos en el Derecho nacional, tengan un interés legítimo en velar por el cumplimiento de lo dispuestos en la presente Directiva*", con el objeto de que "*puedan iniciar, en nombre del demandante o en su apoyo, y con su autoridad, cualquier procedimiento judicial o administrativo previsto para exigir el cumplimiento de las obligaciones derivadas de la presente Directiva*". Con esta medida se pretende patrocinar la intervención en el proceso –se supone que social, aunque no es impensable su participación en un proceso civil de incapacitación, por ejemplo– de organizaciones tuteladoras de los derechos de los discapacitados con el objetivo de proteger los intereses de éstos ante la discriminación, directa o indirecta, que se produzca en los ámbitos de aplicación de la Directiva.

Con todo, el amplio espectro objetivo que la Directiva prevé, pues abarca también la intervención en todo tipo de procedimientos administrativos, puede dar mucho juego en el levantamiento de actas de infracción por la inspección de trabajo, y las ulteriores vicisitudes que ello conlleva, por infracciones graves en materia de empleo.

El artículo 13.2 de la Directiva 2000/78/CE, por último, hace un llamamiento para que los actores sociales en su dialogó social permanente cumplan los objetivos previstos en la norma de la Unión. Así, "*Siempre que ello sea coherente con sus respectivas tradiciones y prácticas nacionales, los Estados miembros fomentarán entre empresarios y trabajadores, sin perjuicio de su autonomía, la celebración al nivel apropiado, de convenios que establezcan normas antidiscriminatorias en los ámbitos mencionados en el artículo 3 que entren dentro de las competencias de la negociación colectiva. Estos convenios respetarán los requisitos mínimos establecidos en la presente Directiva y las correspondientes medidas nacionales de aplicación*". Se responsabiliza así a los sujetos que más directamente aportan el cuerpo normativo regulador de las relaciones laborales del cumplimiento de los objetivos que pretende la Directiva. Llama la atención, no obstante, que quede fuera del marco de la negociación colectiva la prevención del acoso laboral por motivos de discapacidad, que es otro de los objetivos de la norma comunitaria, como se verá seguidamente.

Esta Directiva se erige, en fin, en el instrumento jurídico más importante emanado de la Unión en lo que importa al tratamiento discriminatorio en el empleo por razón de la discapacidad que padece el trabajador, abarcando tanto los aspectos meramente declarativos de la proscripción de dicha discriminación, como elaborando técnicas de protección en varios ámbitos concretos de actuación, singularmente, y como se verá seguidamente, en lo que respecta al establecimiento de medidas de acción positiva para el fomento de la contratación de trabajadores discapacitados, y en la protección de la igualdad real (no meramente formal) que reclama, desde el punto de vista del ejercicio (jurisdiccional y administrativo) de las medidas reguladas en la misma, el trabajador efectivamente discriminado en el ámbito objetivo de aplicación de la Directiva.

### b. El acoso por motivos de discapacidad

Muy en la línea de lo ya dispuesto en los arts. 2.2-3, y 2.2-4 la Directiva 76/207/CEE, de 9 de febrero de 1976, sobre igualdad de trato en el empleo entre hombres y mujeres, cuando regula la situación de acoso y acoso sexual, respectivamente, por motivos relacionados con el género de los trabajadores, el artículo 2.3 de la Directiva 2000/78/CE regula el acoso en el ámbito laboral ejercido por razón de la discapacidad que padece el trabajador en los siguiente términos: "*El acoso constituirá discriminación a efectos de lo dispuesto en el apartado 1 cuando se produzca un comportamiento no deseado relacionado con alguno de los motivos indicados en el artículo 1* (es decir, a lo que a nosotros nos afecta: por discapacidad) *que tenga como objetivo o consecuencia atentar contra la dignidad de la persona y crear un entorno intimidatorio, hostil, degradante, humillante u ofensivo. A este respecto, podrá definirse el concepto de acoso de conformidad con las normativas y prácticas nacionales de cada Estado miembro*"[58].

Lo más llamativo de la definición de acoso lo constituye la ausencia de elemento culpabilista alguno en el acosador, en la medida en que la acción acosadora, es decir, el elemento del tipo de acoso, no exige ánimo acosador específico, bastando a estos efectos que la acción no tolerada por el sujeto tenga "*consecuencias*" en el ambiente de trabajo en el que se desenvuelve el trabajador discapacitado[59]. Es de destacar, en este sentido, que el ámbito objetivo en el que el acoso se proyecta no tiene que ser específicamente laboral, específicamente de trabajo –aunque la norma lo presupone implícitamente–, constituyendo el prototipo de la infracción la creación de un "*entorno*" (calificado más amplio que el del trabajo) "*intimidatorio, hostil, degradante, humillante u ofensivo*", que bien pudiera ser el del trabajo, o cualquier otro que se relaciona con éste: comedor de empresa, transporte de la misma, vestuarios, etc. Obviamente, las actuaciones tendentes directamente a crear ese entorno hostil también se incluyen en el ámbito efectivo de la norma.

Cabe significar, por último, que la tolerancia del acosado en el tratamiento discriminatorio que recibe, al tipificar la infracción como de "*no deseada*", exonera de la calificación del entorno creado como de acoso, debiendo haberse impedido

---

[58] Prácticamente en los mismos términos se regula la situación de acoso en el art. 2.2 de la Directiva 2000/43/CE relativa a la protección por razón del origen racial o étnico, y en el art. 2.2 de la Directiva 2002/73/CE referida a la protección de la discriminación por razón de género.

[59] Así, CAVAS MARTÍNEZ, F.: "Avanzando por la senda de la igualdad...", ob. cit.

dicha consecuencia, pues las más de las veces el tratamiento vejatorio recibido constituirá una consecuencia desagradable en el propio trabajador, por más que, por la fuerza de los hechos, la considera tolerable. Sea como fuere, sería deseable que, la legislación interna, en la medida en que puede trasponer la Directiva de forma más amplia que los mínimos que establece, obviase esta especie de excepción al prototipo de ilícito que regula, atendiéndose únicamente para su apreciación a los datos objetivos que la conducta de acoso refleje, sin que, en ningún caso, la tolerancia del trabajador con respecto supongan exoneración de responsabilidad en el acosador.

Por lo que respecta al ámbito subjetivo del acosador, es necesario señalar que la protección que pretende la norma abarca tanto las conductas ofensivas del empresario, como las ejercidas por compañeros de trabajo del discapacitado, lo que supone refleja un alto grado de protección.

c. En lo que respecta a las capacitaciones profesionales de los trabajadores discapacitados

La baja cualificación (general) de los ciudadanos discapacitados en su formación para el empleo, fácilmente contrastable por la valoración genérica de sus capacitaciones profesionales, determinó una primera línea de actuación de la política legislativa de la Unión que pretendía proyectar el área de su influencia principalmente en orden al aseguramiento de la igualdad de oportunidades desde la elevación del umbral de las capacidades profesionales de los discapacitados[60].

De aquí proviene el interés creciente de la política de la Unión en la formación y la rehabilitación profesional de los trabajadores, que se refleja en los tres programas de acción

[60] En este sentido CORREA CARRASCO, M.: "Los Derechos Laborales de los grupos vulnerables en el Derecho Social Europeo", en VV. AA.: *La protección de las personas y grupos vulnerables en el Derecho Europeo*, MTAS, 2001, págs. 514-5.

comunitaria que se han aprobado sobre esta cuestión. En el primero, que fue aprobado mediante Resolución del Consejo de 27 de junio de 1974, relativa al establecimiento del primer programa de acción comunitaria para la readaptación profesional de los minusválidos[61], se instituyen las bases de actuación comunitaria en la materia; el segundo, denominado Programa Helios, fue aprobado por la Resolución 88/231/CEE del Consejo, de 18 de abril de 1988, cuya vigencia se extendió hasta 1991; mediante el tercero, denominado Programa Helios II, aprobado por la Decisión 93/136/CEE, del Consejo, de 25 de febrero de 1993 por la que se aprueba el tercer programa de acción comunitaria para las personas minusválidas (Helios II 1993-1996)[62], se pretende extender la vigencia de los anteriores Programas para el trienio 1993-1996[63].

En este contexto político y jurídico se promulgó la Resolución del Consejo de 5 de mayo de 2003, sobre la igualdad de oportunidades en educación y formación para los alumnos y estudiantes con discapacidad[64], en la que se invita a los Estados miembros y a la Comisión para que, mediante el ejercicio de sus propias competencias: fomenten la plena integración en la sociedad de los niños y los jóvenes con necesidades especiales mediante una educación y formación adecuadas; potencien que la educación permanente sea más accesible a las personas con discapacidad, con especial referencia al empleo de nuevas tecnologías[65]; aumenten la prestación de servicios y asistencia técnica a los alumnos y estudiantes con

---

[61] D.O.C.E. de 9 de julio de 1974.

[62] D.O.C.E. de 17 de septiembre de 1993.

[63] Sus conclusiones en http://europa.eu.int/scadplus/leg/es/cha/c11405c.htm

[64] D.O.U.E. de 7 de junio de 2003.

[65] Propósito al que se dedica la Ley 51/2003, de 2 de diciembre, de igualdad de oportunidades, no discriminación y accesibilidad universal de las personas con discapacidad (B.O.E. de 3 de diciembre). Cabe significar el valor supletorio de esta norma en lo que respecta al empleo y la ocupación (art. 3-2), en la medida en que, para éstos ámbitos, rige la normativa específica sobre la materia.

necesidades especiales en educación y formación; y proporcionen las oportunidades de formación y recursos relacionados con la transición de la escuela al empleo. Propósitos, todos ellos, fuertemente implicados en la política de la Unión, pero de escaso reflejo práctico en la modificación de conductas sociales que pretende el actuar normativo, más que nada por el embalaje legal en el que se encuentran acogidos, que únicamente pretende instituir códigos de conductas y buenos propósitos, aunque —hay que reconocerlo– suelen ser premonitorios de normas jurídicas de superior calado, en lo que respecta a la exigencia de sus reglas en los ordenamientos de los países miembros.

### d. En el fomento del empleo de los trabajadores discapacitados

El punto más importante en la protección del trabajo de los sujetos discapacitados lo constituyen las medidas encaminadas al fomento de su contratación en el mercado regular de trabajo, sin desmerecer, no obstante, la realización de acciones encaminadas a patrocinar la creación de empleos protegidos como se observó con anterioridad, aunque esta medida debe ser empleada, en términos generales, excepcionalmente, pues se paladea en ella un cierto retrogusto paternalista, más propio de otras épocas pretéritas en los que la protección social era asunto encomendado a la filantropía, aunque ésta fuese estatal. Se pretende, en fin, establecer mecanismos que favorezcan la integración socio-laboral plena de los trabajadores discapacitados en la dinámica lógica del mercado de trabajo.

Este objetivo es asumido por la Unión Europea, particularmente y de forma decidida, tras la adopción de la Comunicación de la Comisión al Consejo, al Parlamento Europeo, al Comité Económico y Social Europeo y al Comité de las Regiones. Igualdad de oportunidades para las personas con discapacidad: un plan de acción europeo[66], en el que se aboga por establecer un "*cambio general de orientación, en virtud del cual se están abandonando progresivamente los programas orientados específicamente a la discapacidad en favor de un planteamiento más integrado.../...dando paso a políticas más personalizadas y adaptadas a las necesidades de los individuos, incluidos aquellos pertenecientes a grupos particularmente vulnerables, como las personas con discapacidad*".

En el ámbito comunitario se han superpuesto varias normas, de diferente entidad jurídica, destinadas a éste fin.

El comienzo de esta tendencia lo constituye la Recomendación 86/379/CEE, del Consejo de 24 de julio de 1986, sobre el empleo de los minusválidos en la Comunidad[67].

En ella se recomienda que los Estados miembros adopten "*todas las medidas convenientes para garantizar el trato equitativo de los minusválidos en materia de empleo y de formación profesional, incluyendo.../...la rehabilitación y la reinserción*". Este principio de trato equitativo se aplicará con respecto a: a) el acceso a un puesto de trabajo y a una formación profesional.../...; b) el mantenimiento del empleo o de la formación profesional, así como la protección contra el despido injusto; y c) las oportunidades de promoción y de formación permanente.

Para la consecución de estos objetivos se recomienda la adopción de políticas concretas por los Estados miembros dirigidas a dos ámbitos principalmente.

En primer lugar, hacia la eliminación de las discriminaciones negativas de trato en el empleo que tengan su origen en la discapacidad del trabajador, mediante el aseguramiento de un trato equitativo para los minusválidos, con singular referencia a los despidos vinculados con la incapacidad del trabajador, cuestión sumamente vidriosa, pues afecta al 'núcleo duro' del

---

[66] (COM /2003) 0650 final, de 30 de octubre de 2003.

[67] D.O.C.E. de 12 de agosto de 1986.

cumplimiento de las obligaciones que se han pactado en el contrato de trabajo, y cuya concreción técnica suele determinarse desde la apreciación de "*circunstancias objetivas*", desprovistas, absolutamente, de voluntariedad alguna por parte del trabajador.

En segundo lugar, hacia la adopción de políticas de acción positiva a favor de los minusválidos, mediante: "*la fijación por los Estados miembros.../...de objetivos cuantificados realistas de empleo de personas minusválidas en empresas públicas o privadas, que tengan un número mínimo de asalariados, mínimo que puede situarse entre 15 y 50*"; y mediante "*el establecimiento en cada Estado miembro de una guía o un código del buen proceder para la contratación de minusválidos, que incluya las medidas positivas ya adoptadas en el Estado miembro correspondiente...*".

Las menciones a las medidas de acciones positivas que reclama la Recomendación comentada para su empleo por parte de los países miembros, nada aporta, en realidad, al panorama legislativo de los Estados, pues, de un lado, no se concretan singularmente en ningún tipo de compromisos a adoptar por éstos, y, de otro, la referencia que el precepto hace al Anexo de la Recomendación no lo es para singularizar éstas, sino para perfilar los "*códigos de buenas conductas*" que se proyectan en el mismo párrafo, que es cuestión bien distinta.

Aun así, hay que reconocerle a la referida Recomendación, junto con lo dispuesto en el (ahora derogado por la Directiva 2002/73/CE), art. 2.4 de la Directiva 76/207/CE, el mérito de constituir la primera piedra en la edificación de las medidas de acción positiva para el fomento del empleo de los trabajadores discapacitados, aunque su efectividad jurídica queda en el limbo de los buenos propósitos que quieran seguir los Estados de la (entonces) Comunidad Europea, muy acorde con el rango jurídico de la normativa dictada, desprovista de eficacia vinculante para el receptor de la misma, pues ningún compromiso obliga a adquirir por parte de los Estados miembros.

Otro hito significativo en el fomento de empleo de los trabajadores minusválidos lo constituye la Resolución del Consejo de 17 de junio de 1999, relativa a la igualdad de oportunidades laborales de las personas con minusvalías[68].

Haciendo recopilación de la normativa comunitaria e internacional vigente en el materia, y en particular la Directriz núm. 9 de las Directrices para el empleo de 1999[69] cuando afirma que cada Estado miembro *"prestará especial atención a las necesidades de las personas minusválidas.../...y elaborará medidas preventivas y activas que faciliten la integración de todos ellos en el mercado de trabajo"*, reitera su compromiso en el fomento del empleo de los trabajadores discapacitados, mediante el ejercicio de políticas activas por parte de los Estados miembros, entre las que no se citan cuáles han de ser éstas.

En el Año Europeo de la Discapacidad se dictó la Resolución del Consejo, de 15 de julio de 2003, sobre el fomento del empleo y de la inclusión social de las personas con discapacidad[70], en la que, sustancialmente y a lo que a nosotros nos importa, se invita a los Estados miembros a que traspongan y apliquen la Directiva 2000/78/CE del Consejo, de 27 de noviembre de 2000, ya analizada.

Junto con esto ha de estarse, con carácter muy específico, a lo dispuesto en el Reglamento 2204/2002 de la Comisión, relativo a la aplicación de los artículos 87 y 88 del Tratado CE a las ayudas estatales para el empleo[71], en el que se diseña el régimen jurídico de las ayudas nacionales que pueden actuarse en el ámbito competencia interno para el fomento en la creación de empleo de trabajadores discapacitados.

---

[68] D.O.U.E. de 2 de julio de 1999.

[69] D.O.U.E. de 12 de marzo de 1999.

[70] D.O.U.E. de 24 de julio de 2003.

[71] D.O.U.E. de 2 de enero de 2003.

De todo este conjunto normativo cabe inferir que existen dos modos o fórmulas genéricas de apoyar la creación de empleo de los trabajadores con discapacidad.

En primer lugar, mediante la atribución de *"ayudas directas"* (de variado tipo) del Estado miembro a un colectivo determinado, como lo es el constituyen los trabajadores discapacitados, ayudas sometidas al control que en su ejercicio establece el Reglamente últimamente mencionado; en segundo lugar, mediante la utilización de las llamadas medidas de acción positiva, en los términos en los que se regula en el ámbito de la Unión. Veámoslos separadamente.

*a´. El régimen de las ayudas directas para la creación de empleo*

La hipótesis de la que parte la Unión Europea para permitir las ayudas directas a la creación de empleo que adopten los Estados miembros en su ámbito propio competencial, pivota sobre la idea de que una excesiva intervención de algún Estado en este sentido, aún siendo beneficiosa en términos regionales dentro de sus fronteras, puede ir en perjuicio de los principios comunitarios que presiden el *"mercado común"*, pues puede presumirse que constituyen una intromisión (impropia) del Estado en el mercado (libre) de bienes y servicios sobre los que asienta la comunidad.

La Unión entiende necesario, en consecuencia, dotarse de un instrumento con fuerza normativa efectiva en todos los Estados miembros que, excepcionando este principio general, permita, en determinadas circunstancias y para casos concretos, el apoyo financiero directo del Estado miembro para el fomento de la ocupación de determinados colectivos, mediante el sufragio singular de determinados costes relacionados con su creación.

El Reglamento 2204/2002 de la Comisión, relativo a la aplicación de los artículos 87 y 88 del Tratado CE a las ayudas estatales para el empleo, es el encargado —como decimos– de permitir el ejercicio de estas facultades por los Estados miembros, mediante la limitación incondicionada de su uso.

Es decir, se asume, en fin, que el fomento directo del empleo de determinados colectivos es una atribución que compete a los poderes públicos de los Estados miembros, pero se hace conveniente, para hacer compatible esta posibilidad con los principios que preside el mercado común, que su utilización venga limitada por normas comunitarias vigentes y efectivas en todos los países miembros.

Es importante significar, en este sentido, que el presente Reglamente sólo se aplicará a lo que se considera "*ayuda estatal*", pues determinadas medidas favorecedoras del empleo dictadas por alguno de los Estados miembros en su ámbito competencial no tienen esta consideración en la órbita comunitaria (como, por ejemplo: la reducción general de la fiscalidad laboral y los costos sociales, el fomento de la inversión en educación y formación, etc), en la medida en que son ayudas particulares que no favorecen a determinadas empresas o a la producción de determinados bienes, alterando el comercio entre Estados y el régimen de su competencia, que es lo que los principios comunitarios pretenden garantizara en todo momento.

El objeto de la "*ayuda estatal*" que, como excepción, permite este Reglamento, es, a lo que a nosotros nos importa en este estudio, fomentar la creación de empleo para su ejercicio por trabadores discapacitados, así como permitir la proporción de ayudas que estos Estados miembros destinen para cubrir los costes adicionales que el empleo de estos trabajadores discapacitados ha generado en el empleador (artículo 1), en cualquier sector de la producción en ambos casos, y tanto en lo que importa al sector público como al privado.

A estos efectos, se entiende por trabajador discapacitado, toda persona, que, o bien esté reconocida como discapacitado con arreglo al derecho nacional que en cada caso le sea de aplicación, o bien sufra daños físicos, mentales o psicológicos reconocidos [artículo 2.g)].

La amplia consideración de trabajador discapacitado que utiliza el precepto, en el sentido de que no es necesario tener que haberlo declarado así previamente mediante el procedimiento que corresponda, favorece una singularización de la ayuda con independencia de si la circunstancia discapacitante del sujeto ha sido o no previamente declarada.

Nótese, no obstante, la diferencia jurídica que existe entre el discapacitado y el minusválidos, en la medida en que su respectiva constatación jurídica transcurre, de hecho, por vías jurídicas muy diferentes, como acontece el caso del ordenamiento jurídico Español, en el que se superponen competencias estatales para la declaración y gradación de la minusvalía, transferidas a las Comunidades Autónomas, y competencias estatales en orden a la declaración de incapacidad para el ejercicio de los derechos civiles de las personas y para poder lucrar determinadas prestaciones del Sistema Público de Seguridad Social, caso de ser acreedor de ellas. Así, según la normativa comunitaria, puede concederse una ayuda, que entre dentro del campo de la exención a las mismas que regula el Reglamento, sin necesidad de haber tenido que declarar al sujeto minusválidos o discapacitado. Se acoge, en fin, una consideración omnicomprensiva de la discapacidad a efectos del régimen de exención de las ayudas Estatales para el fomento del empleo, claramente orientada en una línea favorecedora de su utilización.

También es necesario conocer el concepto de *"empleo protegido"* que emplea el Reglamento, definido como aquél que se desarrolla *"en un establecimiento en el cual como mínimo el 50% de la plantilla esté compuesto por trabajadores discapacitados sin posibilidad de obtener un empleo en el mercado laboral abierto"*, concepto que nos conecta, en nuestro ordenamiento jurídico, con los Centros Especiales de Empleo, regulados por el Real Decreto, 1368/1985, de 17 de julio, por el que se regula la relación laboral de carácter especial de los minusválidos que trabajen en los centros especiales de empleo.

El régimen económico de las ayudas a la creación de empleo directo –no protegido– para trabajadores discapacitados se especifica en el artículo 5.

La *"intensidad bruta de la ayuda"* estatal concedida para la creación de empleo[72], calculada como un tanto por ciento de los costes salariales durante el período de un año siguiente a la contratación, no podrá superar el sesenta por ciento. Este régimen se aplicará, incluso, cuando la contratación no represente un incremento neto del número de empleados en el establecimiento en cuestión, siempre que el trabajador permanezca en el empleo durante doce meses, como mínimo, excepción hecha de que la extinción contractual proceda de un despido procedente. Repárese que, en estos casos, la ayuda directa del Estado puede ir dirigida no sólo a crear nuevos puestos de trabajo netos en la empresa o sector económico que sean desempeñados por trabajadores discapacitados, sino también a emplear a éstos sin atender a consideraciones cuantitativas, circunstancia que potencia la posibilidad de acogerse a las ayudas por parte de los empleadores.

El régimen económico de las ayudas para subvenir a los costes adiciones por la creación de empleo directo –no protegido– de los trabajadores discapacitados viene regulada en el artículo 6.

Se entiende que la ayuda concedida no deberá sobrepasar el nivel necesario para compensar cualquier reducción de

[72] El propio artículo 2.c) define la "intensidad bruta de la ayuda" como el importe de la misma expresado en porcentajes de los costes pertinentes del proyecto, entendiendo que todas las cifras empleadas se calcularán antes de cualquier deducción en concepto de fiscalidad directa.

la productividad resultante de la discapacidad que padece el trabajador. Tampoco podrá superar el coste de los gastos empleados en la adaptación de las instalaciones, o en la adquisición de equipo destinado a dichos trabajadores, ni tampoco podrá ser superior a los gastos que genera emplear a personal que dedique tiempo exclusivamente a asistir al trabajador discapacitado. Obsérvese la amplitud de la ayuda permitida, en cuanto acoge, no ya los costes ocasionados por la adaptación del centro de trabajo, sino también aquellos destinados a la atención de los trabajadores discapacitados, circunstancia que, generalmente, ocasionará, a su vez, la contratación de trabajadores suplementario.

Desde un punto de vista no sustancial también se regula el régimen de ayudas para la creación de empleo protegido. Ésta, no obstante, no podrá rebasar, aunque sí puede cubrir enteramente, los costes de construcción, instalación o ampliación del establecimiento en cuestión donde desarrollan su labor los trabajadores (artículo 4.4.c)-2).

Ha de precisarse que el régimen Estatal de las ayudas a la creación de empleo sólo será permisible en el ámbito de la Unión, es decir, quedará exenta de la imposibilidad de realizarla, cuando, o bien el beneficiario solicite expresamente dicha ayuda por sí mismo al Estado miembro, o éste haya adoptado medidas legales por las que se establece el derecho legal a la ayuda, atendiendo a criterios objetivos, sin que medie el ejercicio de un poder discrecional en su concesión (artículo 7). Esta circunstancia nos conecta, directamente, con la posibilidad de que el Estado prefigure en su legislación interna medidas específicamente destinadas a la creación directa de empleo para trabajadores discapacitados.

### *b´. Las medidas de acción positiva*

Como se observaba con anterioridad, el artículo 4 del Convenio de la OIT núm. 159, exigía que los Estados miembros firmantes del Convenio interviniesen en el mercado del fomento de la ocupación de los discapacitados mediante el establecimiento de medidas de acción positiva. Igualmente afirmábamos cómo la Unión Europea había reconocido a este Convenio el valor de precedente normativo en el establecimiento de estas medidas en su normativa.

Así, el artículo 7 de la Directiva 2000/78/CE regula el ejercicio de las medidas de acción positiva, siguiendo las previsiones contenidas en la Recomendación de 1986 analizada anteriormente, en los siguiente términos: *"1. Con el fin de garantizar la plena igualdad en la vida profesional, el principio de igualdad de trato no impedirá que un Estado miembro mantenga o adopte medidas específicas destinadas a prevenir o compensar las desventajas ocasionadas por cualquiera de los motivos mencionados en el artículo 1 (entre los que se incluía el de discapacidad del trabajador). 2. Por lo que respecta a las personas con discapacidad, el principio de igualdad de trato no constituirá un obstáculo al derecho de los Estados miembros de mantener o adoptar disposiciones relativas a la protección de la salud y la seguridad en el lugar de trabajo, ni para las medidas cuya finalidad sea crear o mantener disposiciones o facilidades con objeto de proteger o fomentar la inserción de dichas personas en el mundo laboral"*.

La utilización de estas posibilidades, confiere al Estado miembro la capacidad técnica de intervenir en el mercado laboral interno excepcionando el principio de igualdad de trato que él establece, usualmente al más alto nivel constitucional –también como manifestación particular del derecho comunitario en lo que respecta a la prestación de servicios en el territorio de la Unión, incluyendo los relacionados con las actividades profesionales por cuanta ajena y propia–, con el objeto de permitir que el paradigma igualitario generalmente seguido por éstos adquiera carta de naturaleza no sólo formal, sino también real, en el ejercicio diario de las actividades laborales por grupos generalmente excluidos de la empleabilidad ordinaria por motivos espurios.

Estas medidas son definidas doctrinalmente como los tratamientos preferenciales temporales en la contratación, promoción, o despidos de trabajadores, entendiendo por tales aquellos procedimientos que garantizan una preferencia hacia la empleabilidad de una persona entre un grupo de competidores por alguna circunstancia personal (género, raza, religión u opiniones políticas, ejercicio sindical, o discapacidad) que, en la práctica diaria de la realidad laboral, la hace especialmente sensible para su no empleabilidad, patrocinando una acción de reacción inversa a la que usualmente acontece en el mercado laboral[73].

Es decir, se pretende un tratamiento preferencial en el acceso (o permanencia) en el empleo a aquella persona perteneciente a un colectivo minoritario, otorgándole una preferencia o reserva para su contratación con carácter prioritario que a los sujetos pertenecientes a un colectivo mayoritario que no padecen la condición singular que justifica el empleo de la medida hacia ella en particular.

Así se consigue, de un lado, hacer efectivo el principio de igualdad real por encima de la mera formalidad igualitaria proclamada en los textos constitucionales y legales, y, de otro, patrocinar la integración socio-laboral de colectivos con especiales dificultades en el acceso o permanencia en el empleo, jugando este segundo aspecto como elemento compensador de otras dificultades con las que dichos sujetos se encuentran en el desarrollo de la vida social.

La concreción legal de este propósito podrá concretarse, con carácter general, mediante dos fórmulas singulares. Exigiendo, desde el plano legislativo, que, en supuestos de igualdad

---

[73] Sobre el particular, véase la excelente monografía de SIERRA HERNAIZ, E.: *Acción positiva y empleo de la mujer,* CES, Col.: Estudios, núm. 82, Madrid, 1999, p. 79.

sustancial de las capacidades de los aspirantes a un puesto de trabajo, especialmente en el ámbito de lo público, se contrate al trabajador perteneciente a alguno de los colectivos que merecen especial atención por estar infrarepresentados en un ámbito laboral concreto en el que se produce la contratación; o bien, estableciendo una cuota o porcentaje de contratación obligatoria para los sujetos merecedores de este tipo de acción, como acontece, singularmente con los discapacitados en el ámbito de aplicación del artículo 38 de la LISMI, con todas las excepciones, por muchas que éstas sean, de eficacia del principio general en el ámbito privado de las relaciones laborales, principalmente.

La utilización de estas medidas, como marco contextual de superación de las desigualdades, viene permitida excepcionalmente, como acaba de exponerse, por la normativa de Unión, muy atenta a todo los problemas relacionados con la desigualdad de los trabajadores en el acceso y permanencia en el empleo por cualquier circunstancia. Y larga ha sido la lucha por su establecimiento en lo que respecta a la discriminación por razón de género, en la que se tiene una gran experiencia normativa, tanto legal, por haber dictado Directivas comunitarias sobre la materia, principalmente la ya mencionada 76/207/CEE, de 9 de febrero de 1976, del Consejo, relativa al principio de igualdad de trato entre hombres y mujeres en lo que se refiere al acceso al empleo, a la formación y promoción profesionales, y las condiciones de trabajo, como jurisprudencial del Tribunal de Justicia de la Unión Europea en los conocidos casos “”Kalanke” (Sentencia de 17 de octubre de 1995, C-450/93) y “Marshall” (Sentencia de 11 de noviembre de 1997, C-409/95)[74], que, en esencia entendieron que no es posible garantizar a las mujeres preferencia absoluta e incondicional frente a un hombre en el acceso o permanencia en el empleo,

[74] Que tuvieron su continuación con las SS TJUE “Badeck”, de 28 de marzo de 2000 (asunto C-158/97), y “Abrahamsson”, de 6 de julio de 2000 (asunto C-407/98).

pero que también admitieron como legítimo el establecimiento de un trato preferente hacia ellas en función de la situación general de desventaja que históricamente han soportado en el mercado laboral.

Con todo, y aun regulándose en la normativa comunitaria, la verdadera efectividad de este tipo de medidas se contrasta en el crisol de la normativa interna de los Estados, en el bien entendido sentido de que lo que permite la legislación de la Unión es, de un lado, su construcción en los ordenamientos de los países miembros, y, de otro, su impulso como fórmula de política legislativa tendente a la igualdad real, y no meramente formal, de los súbditos de cada Estado.

Made in United States
Troutdale, OR
11/03/2026

56844354R00128